おもしろサイエンス

もの忘れと記憶の科学

横浜市立大学名誉教授・医学博士
五日市哲雄［著］　田中冨久子［監修］

B&Tブックス
日刊工業新聞社

はじめに

〝記憶〟は、古代から注目され、関心をもたれていました。

紀元前15世紀頃から創作が続けられてきたとされるギリシャ神話のなかで、紀元前9世紀頃に書かれた、記憶を司る女神「ムネーモシュネー」について触れられており、そのムネーモシュネーは、ギリシャ神話の主神であるゼウスとの間に9人の娘を産みました。

この娘たちは、文芸・芸術などを司る女神「ミューズ（ムーサ）」であり、叙事詩を司る女神「カリオペー」、歴史や英雄詩を司る女神「クレイオー」、悲劇・挽歌を司る女神「メルポメネー」、抒情（じょじょう）詩（し）を司る女神「エウテルペー」、独唱歌・舞踊を司る女神「エラトー」、合唱・舞踊を司る女神「テルプシコラー」、天文・占星術を司る女神「ウーラニアー」、喜劇を司る女神「タレイア」、幾何学・修辞学・瞑想・農業を司る女神「ポリュムニアー」の9人で、それぞれ重要な役柄を担う女神たちです。

古代ギリシャ人は、記憶が精神の創り出すあらゆる事の基盤となり、諸学問の根源となっていることを理解していたのでしょう。また、記憶をことのほか重要視していたことが推測されますが、すべて女神であるというのも大変興味深いところです。

また、ギリシャ神話には、記憶に関連する「忘却の川」という物語もあります。冥界との境目にある「レーテー（忘却）」という川の水を飲むと、過去の記憶がきれいに消え去ってしまうということが記されています。

記憶は、覚えることだけでなく、忘れることも大事であることを示唆しているのかも知れません。

近年、脳科学が著しく発展しましたが、同時に脳と関係が深い記憶についても多くのことが解明されました。そこで本書では謎が多く、不思議に満ちている記憶について、科学実験や論証による科学的根拠をもとに、できる限り理解を深められるよう論述しました。

ヒトは、「遺伝子の記憶」、「脳の記憶」、「文字による記憶」という記憶システムを持っていますが、脳の記憶には「頭の記憶」と「体の記憶」があります。またそれらの記憶は「入力」、「保持」、「再生」を行うことによって、私たちの個性の一端を担っています。

私たちが見たり、聞いたりした感覚情報は脳の感覚野を通して、記憶の中枢といわれる海馬で一時的に保管され、必要とされない短期記憶と、長く保存される長期記憶が1カ月ほどかかって選別されているといわれています。

長期記憶の貯蔵については、脳の神経細胞のニューロンがつくる神経回路網、さらにニューロンとニューロンの間をつなぐシナプスという部位と、シナプスにある2つのニューロン間の情報伝達能力を持続的に向上させる長期増強（LTP）という現象が関与しています。記憶は現在、このニューロン、シナプスという部位とLTPという現象によって保存されているのではないかと考えられているのです。

一方、無意識でも身体が反応するような記憶として、運動性記憶の「体の記憶」があります。

例えば、一度自転車の乗り方を覚えると生涯忘れないというような記憶などです。この体の記憶には小脳の働きが関わっています。

このように、記憶は脳と深い関係を持っています。脳とともに、記憶自体の解明も進められていますが、まだまだ謎に満ちています。また、記憶が私たちの精神（心）と、どのような関係にあるのか、とても興味深いことです。

本書は、監修に生理学・脳科学の重鎮である横浜市立大学名誉教授・医学博士の田中（貴邑）冨久子先生を迎え、そのご指導のもと執筆いたしました。田中先生からは専門分野のみならず、本書の内容に多くのご指導とご指摘をいただきました。ここに深く感謝の意を表します。

また、日刊工業新聞社の藤井浩氏からも的確なサジェスチョンをいただきました。

２０１９年８月

五日市哲雄

目次

はじめに …… i

第1章 記憶のメカニズムは謎に満ちている

1 ヒトは3つの記憶システムを持つ …… 12
2 ヒトの脳は、どのようにでき事を覚えるのだろうか …… 14
3 なんと、記憶の仕方はこんなにもたくさんある！ …… 19
4 記憶は単純系から複雑系へと進化した …… 22
5 記憶と心はどこにあるの？ …… 25
6 考えもしないところに、記憶が保存されていた―ＬＴＰ …… 28
7 心を創るメカニズムとは？ …… 31

第2章 もの忘れと忘れる記憶の違いとは？

8 ど忘れは、なぜ起きる …… 34
9 もの忘れするのは、年老いたから？ …… 38
10 海馬ニューロンは生涯新生されるというけれど …… 40
11 もの忘れを起こす誘因とは？ …… 43
12 発想のもとは、「ひらめき」だ！ …… 45
13 経験がものをいう「直感」！ …… 48
14 忘れる記憶って、何？ …… 50
15 忘却は、記憶を無意識のなかに保存する …… 53
16 記憶もストレスに曝されている …… 55
17 恋は、記憶力を増す？ …… 58

第3章 今と未来の行動につながる過去の記憶

18 なんで、想い出はみな美しいのだろう …… 62
19 子ども時代の記憶ほど忘れない！ …… 64
20 記憶は、すり替わる …… 67
21 思い込みや先入観は、なぜ起きる？ …… 69
22 悩みや不安は、記憶が未来を予測することから生まれる …… 71

第4章 体で覚えた記憶は忘れない

23 技能や運動のための記憶とは？ …… 76
24 随意運動で行う日常の動作 …… 78
25 小脳の運動学習機能が役立つスポーツ …… 80
26 条件反射は、なぜ、体の記憶と呼ばれるの？ …… 82

第5章 言語の記憶は不思議がいっぱい

27 ヒトだけが持つ不思議な言語野……86
28 日本人は、記憶が得意?……88
29 言語機能によってワーキングメモリーの量を測る試み……91

第6章 記憶を操作する

30 心の状態に左右される記憶の想起……94
31 記憶機能を支援するアセチルコリン神経系……96
32 記憶力増強には、睡眠が一番!……99
33 光遺伝学によるセル・アセンブリ仮説の証明……101
34 光遺伝学手法で想起される恐怖の記憶……103
35 記憶の想起には2つの回路がある……105
36 記憶の想起を支える無意識の記憶……107

第7章 ある日突然起こる記憶障害とゆっくり進行する記憶障害

37 ある日突然起こる記憶障害……112
38 更年期に起こる記憶障害……114
39 性ステロイドホルモンと記憶機能の関係は?……117
40 65歳から発症する記憶障害……119
41 年をとると、時間が速く感じるのはなぜ?……121
42 加齢による記憶障害も脳の電気刺激によって改善……123
43 近時記憶障害から起こるアルツハイマー型認知症……125
44 アルツハイマー型認知症の近時記憶障害は、想起ができないだけ……129

第8章 AIは記憶をどのように進化させるのだろう

45 ＡＩとは何か？マシンの記憶とは何か？ …… 132
46 ＡＩの記憶でＭＲＡ画像から脳動脈瘤検出能力が向上 …… 135
47 記憶に関係する海馬機能を「脳型ＡＩハードウエア」で再現 …… 136
48 子どもの声から、不安やうつ病を予知するＡＩ …… 138

Column

思い出の中に生きていた患者ＨＭさんという人 …… 37
宝物の「トレジャーＤＮＡ」 …… 60
記憶する情報は電気信号になって伝わる …… 74
感覚するって、どういうこと？ …… 84
「コリン仮説」と「アミロイド仮説」のドッキング …… 110

参考文献 …… 141

ひらめいた！

第1章

記憶のメカニズムは謎に満ちている

1 ヒトは3つの記憶システムを持つ

ヒトは、大きく分けて3つの記憶システムを持っています。「遺伝子の記憶」、「脳の記憶」、そして、「文字による記憶」です。

ヒトを構成するすべての細胞は同じセットの遺伝子DNAをもっています。このDNAに記憶（記録）されている遺伝子情報が統合されて、ヒトの体全体をつくります。ヒトは、個々の細胞のDNAが持つ遺伝情報に基づいておよそ5～10万種類のタンパク質を合成しているといわれています。これによって、個々の細胞の形や機能が決まり、さらにその細胞の集合体としてヒトの特徴が決定されます。すなわち、ヒトそれぞれに異なる個性や性格、顔かたちがつくられるのです。これが遺伝子の記憶です（コラム、宝物の「トレジャーDNA」を参照）。

一方で、個々のヒトの記憶は脳によって司られます。脳が関与する記憶には、でき事の記憶や意味の記憶、一般に「頭の記憶」と呼ばれるものと、自転車の乗り方などの手続き記憶とされる「体の記憶」と呼ばれるものがあります。

大まかに言うと、前者には海馬と新皮質が、後者には小脳が関わっています。この小脳が関わる「体の記憶」は「小脳の運動学習機能」とも呼ばれています。この本では、この後の脳の記憶についての説明は、「頭の記憶」に主眼をおいています。

さらに、第3の記憶システムとして外部記憶としての「文字」があります。文字言語は、紀元前3000年前頃にシュメール人が発明したとされています。シュメール文明を担った都市国家メソポタミア（ウルク）に9000記号からなる音節文字表が誕生しました。

ヒトは、文字によって、時間を超えて記憶系を保持できるようになりました。現代では、文字だけでなく、写真や映像など記憶媒体がつぎつぎと発明されていますが、文字は数千年に渡って、時を超え記憶を保持してきたと言えます。

ヒトはこの3つの記憶システムを持つことで、遺伝子の記憶からは生得的な恩恵を得、脳の記憶からは心と体の支えを得、そして、文字という記憶からヒトの歴史を得たと考えられます。

世界最古文字といわれるシュメール文字

・記憶システムって、本当は5つ？

3つの記憶システムについてさらに細かく分けると、脳の記憶として「頭の記憶」と「体の記憶」があり、さらに、「言葉（言語）の記憶」と「文字などの記憶」も持っているといえます。文字のない時代には「語り部文化」によって記憶が継承されてきました。文化やヒトの歴史の口承が行われてきたのです。このことから、ヒトの記憶を細かく分けると、「遺伝子の記憶」「頭の記憶」「体の記憶」「言葉（言語）の記憶」「文字などの記憶」の5つの記憶を持っているといえます。

ところが、近年、ヒトの知的な言動や記憶の一部を、人工知能（AI- artificial intelligence）が担うようになる可能性が出てきました。ＡＩとは、ヒトの脳の神経回路を模倣して、神経回路をコンピュータに置き換え、これまで、ヒトでしかできなかった知的な認識、推論、言語、技術、創造、制度などを、一定の手順を用いて、ヒトの知識などの膨大《ぼうだい》なデータを機械的に実行することです。すなわち、ヒトの脳に代わってＡＩが脳の記憶などの機能の一部を実行してくれるのです。

2 ヒトの脳は、どのようにでき事を覚えるのだろうか

私達ができ事を覚える記憶は「頭の記憶」に分類されますが、この記憶は、その保持時間によって大きく三つの段階に区別されます。

1つ目は、ごく短時間記憶する「ワーキングメモリー」です。作業記憶あるいは作動記憶ともいいます。情報をほんの数秒〜数十秒間保持するもので、日常生活での言動は主にこの記憶が利用されています。情報処理能力が含まれることから記憶容量に限界があるとされています。

2つ目は、これより少し長い時間記憶する「短期記憶」です。この記憶の持続時間は数十秒から数十分、あるいは数カ月程度とされていますが、この記憶も情報処理能力によって記憶容量に限界があるとされ、一度に把握し操作できる情報の数は7個前後であるといわれています。

3つ目は、「長期記憶」です。この記憶は短期記憶を固定化して、永続的に保持し貯蔵されるものです。私たちの記憶は一般に短期記憶から長期記憶へと移ると考えられており、長期記憶は、大容量の貯蔵システムによって保持され、そこから記憶を想起（再生）したり、また保持のために再度貯蔵するということが行われています。

では、でき事の感覚的な情報はどのように記憶されるのでしょうか。

外界からの様々な感覚情報、例えば、見たり、聞いたりした情報、さらに、その物がどこにあるのか、そしてその物が何か、という情報は、後頭葉の感覚野や感覚連合野で感覚され、ついで前頭葉の背外側部《はいがいそくぶ》に送られます。さらにその後、前頭葉の前頭眼窩皮質《ぜんとうがんかひしつ》という脳部位に送られて、それぞれを活動させます。感覚

野や感覚連合野の記憶は「感覚記憶」とも呼ばれますが、瞬間的で、1秒以内に消失します。

感覚記憶で興味があるとされる情報は、消える前に大脳辺縁系《だいのうへんえんけい》にある海馬《かいば》に送られます。海馬は一時的な記憶の保管場所で、ここで、長期に記憶されるべき情報とそうでない情報に選別し、記憶されるべき情報は記憶の保持・貯蔵庫とされる側頭葉などの大脳皮質に送られます。他方、長期に記憶される必要のない情報は、海馬で「短期記憶」とされます。短期記憶には、記憶を入力後にすぐに想起する「即時記憶」があります。海馬での記憶される情報とそうでない情報の選別には1カ月ほどかかるといいます。

大脳皮質の側頭葉には長期記憶が貯蔵されると考えられていますが、その部位として、次の3つが有力視されています。

①脳のなかでは、ニューロン（神経細胞）が神経回路網をつくっていて、このネットワークによって貯蔵されている
②脳のなかに、ニューロンとニューロンの間をつなぐシナプスという構造があり、このシナプスに貯蔵されている
③シナプスには、2つのニューロン間の情報伝達能力が持続的に向上する長期増強（LTP、Long-term potentiation）という現象があり、ここに貯蔵されている

ここで、本書をよりよく理解していただくために、記憶を貯蔵するといわれる「シナプス」という構造物について説明をします。

・記憶をするシナプスとは？

シナプスとは、ニューロンとニューロンとの間、あるいはニューロンと筋細胞との間に形成されている情報伝達などの神経活動に関わる接合部位のことをいいます。神経伝達物質の貯蔵と放出をする出力部にもなっています。

ニューロンは脳のなかで、情報を受け取ったり、送ったりするために、連合野をはじめ感覚野、運動野などをネットワーク化しています。ニューロンは、樹状《じゅじょう》突起《とっき》、細胞体、軸索《じくさく》、終末部の4つの部位で構成され、

長く伸びた軸索は終末部で枝分かれしていて、その先端は別のニューロンの細胞体と樹状突起で接続していますが、この接続部にあるのがシナプスです。1つのニューロンには、数千個のシナプスが存在します。

シナプスには、情報を送り込む側のシナプス前ニューロンと情報の受け取り側にあるシナプス後ニューロンがあります。細胞体と樹状突起には多数の神経終末がシナプス結合しています。

シナプスには、神経伝達物質の通過のための化学シナプスと、イオンの通過のための電気シナプスがありますが、化学シナプスの量が圧倒的に多く、シナプスというと一般的に化学シナプスを指します。

軸索終末部にはシナプス前部に膨らみがあり、それはシナプス小頭と呼ばれ、ここには神経伝達物質（化学物質）を膜で包みこんだ多くのシナプス小胞が含まれています。活動電位の到着により、神経伝達物質がシナプス間隙に放出されることによって情報伝達が行われます。

神経伝達物質には、グルタミン酸アセチルコリン、ドーパミンなど多くの化学物質がありますが、シナプス後ニューロンの興奮、抑制、活動電位（スパイク）産生などに関わります。

頭の記憶には、扁桃体《へんとうたい》と視床下部《ししょうかぶ》も関与しています。

・頭の記憶には3段階の精神活動がある

記憶は日々の暮らしや社会生活において、ヒトらしく生きるために必要不可欠なものです。もし、記憶ができない、記憶がない、記憶を想い出せないなどとなったら、学習することも難しくなり、自分の人生の過去の歴史もなくなり、自分が何なのかも理解できなくなってしまいます。記憶は私たちのあらゆる思考や言葉、行動の基盤になっているのです。

頭の記憶には、次のような3つの段階の精神活動が区別されます。

①ものを覚える過程――記銘（入力）
②覚えていること――保持（保持）
③覚えていることを想い出す――想起（再生）

記銘は、訓練によって何かを習得することです。それは学習することと同じで、外界や体の内部から受ける刺激を、感覚情報として知覚し、固定して、記憶痕

ニューロンとシナプス

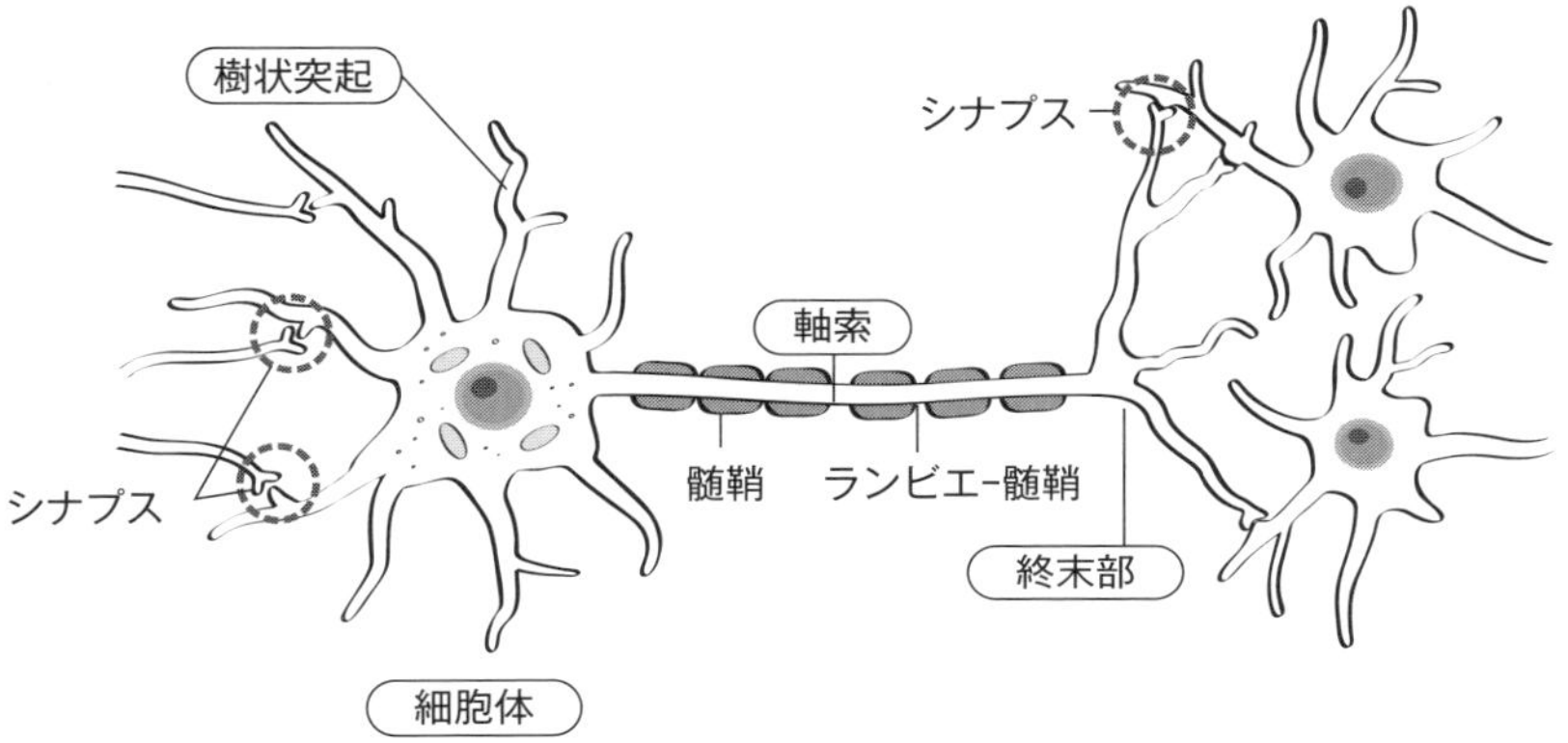

興奮性シナプス後電位（EPSP）と抑制性シナプス後電位（IPSP）

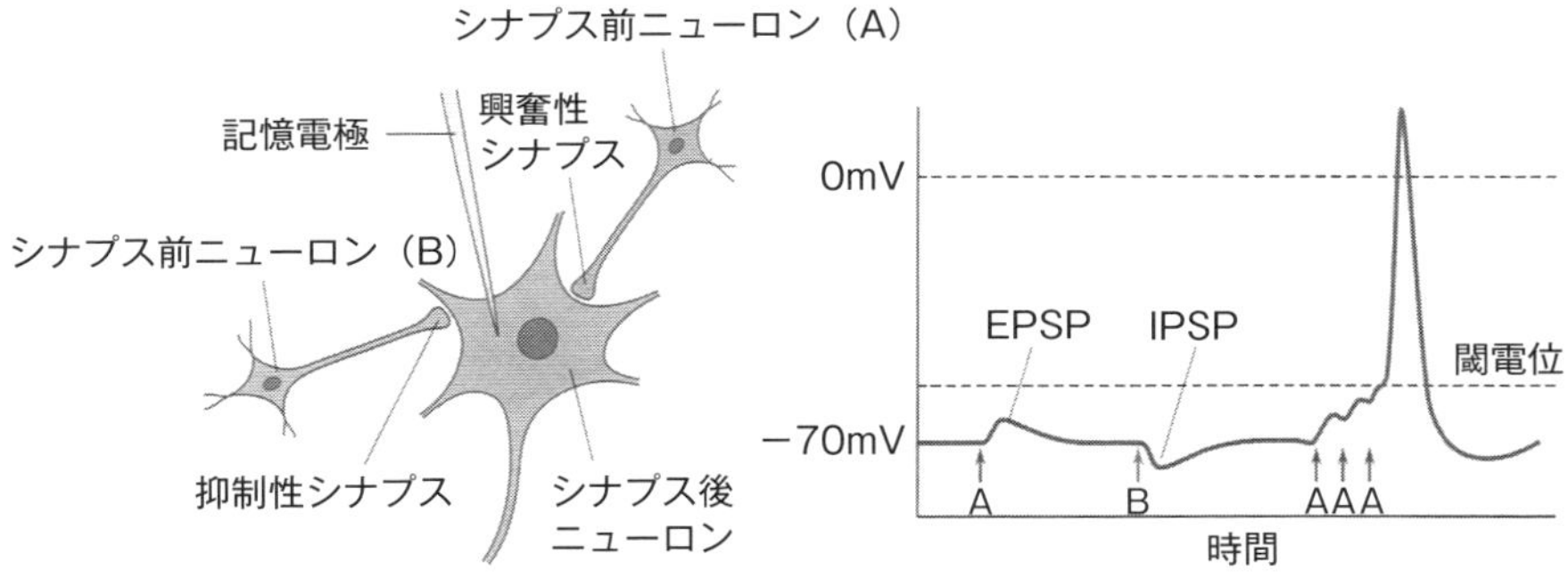

上図のようにシナプス後ニューロンの膜電位を記録しながら、興奮性シナプスを形成しているシナプス前ニューロン（A）を刺激すると EPSP が記録される。また、抑制性シナプスを形成するシナプス前ニューロン(B)を刺激すると IPSP が記録される。右図の矢印はニューロン(A)、ニューロン（B）の刺激した時点を示す。ニューロン（A）を繰り返し刺激して、EPSP が重なり、電位が閾電位に達すると活動電位が生ずる。

（出典：貴邑冨久子, 根来英雄：シンプル生理学, 改訂第 7 版, p.27, 2016, 南江堂）

脳の海馬と扁桃体、視床下部など

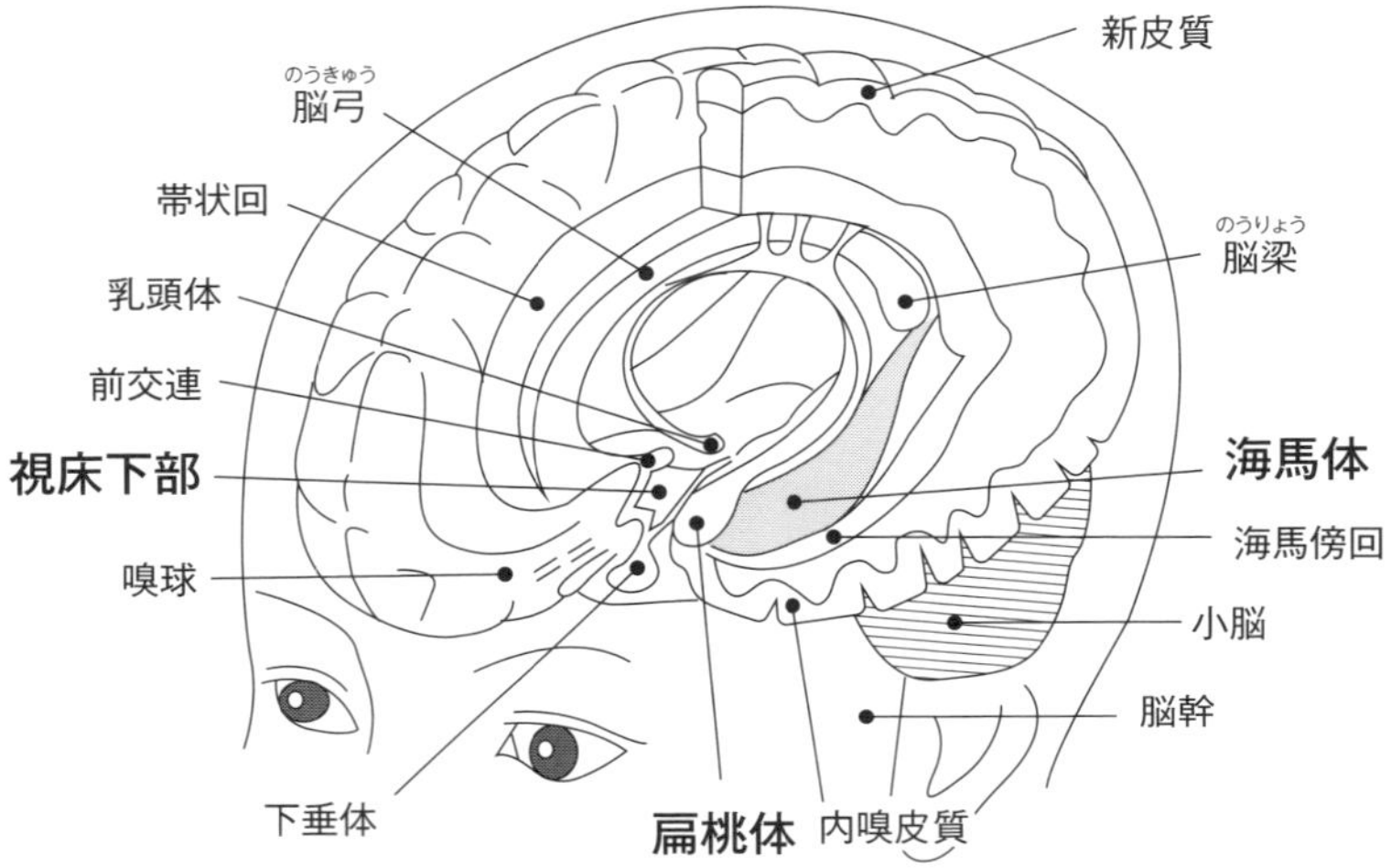

（出典：貴邑冨久子, 根来英雄：シンプル生理学, 改訂第７版, p.135, 2016, 南江堂）

跡として残す過程が含まれます。

記憶痕跡とは、「エングラム」とも呼ばれますが、記憶形成時に活性化したニューロン集団という形で脳内に残った物理的な痕跡のことです。学習時に同期活動したニューロン同士は強いシナプス結合で結ばれるため（後にも説明しますが、シナプス可塑性と呼ばれます）、何らかのきっかけでその一部のニューロンが活動すると、併せてニューロン集団全体も活動します。その結果として記憶が想起されます。すなわち、痕跡があることで、その痕跡に付随する記憶を思い出すことができるという仮説ですが、現在では大枠で正しいことが認められています。

想起とは、記憶を意識化することですが、時には無意識から想い出す記憶もあります。

最近では、記憶を情報処理として取り扱うようになり、その視点から記銘をコード化、保持を貯蔵、想起を検索、あるいは記銘を入力、想起を再生と呼ぶようにもなっています。

3 なんと、記憶の仕方はこんなにもたくさんある！

ヒトは、さまざまな記憶の仕方をもっています。その時々の状況に従い、脳ではどのように記憶するかを上手に使い分けしています。

それは、脳が記憶することを忘れないことを意味すると同時に、記憶を忘れることも意味します。もし、すべての記憶を覚えようとしたら、余計なことまで記憶してしまいます。記憶はできる限り必要なことだけ覚えるようにして、何十年も忘れない記憶を持ちながら、逆に一瞬で忘れる記憶や短期間で忘れる記憶を持つことによって、記憶の効果を最大限に生かしているのです。

記憶を内容によって分けると、次のようになります。

まずは「陳述記憶」と「非陳述記憶」です。陳述記憶こそがすでに述べた「頭の記憶」で、意識化することができ、言葉で表現できる記憶です。陳述記憶には、特定の日時や場所と関係する個人的な経験に関する「エピソード記憶」と、これらとは無関係な単語や記号の意味に関する「意味記憶」があります。

例えば、「今日、デパートで洋服を買ってきました」「昨日の午後に、喫茶店でコーヒーを飲みました」などはエピソード記憶です。

一方、「日本列島は、太平洋や日本海などの海に囲まれています」「日本一番高い山、富士山は標高3776メートルです」などは意味記憶です。

非陳述記憶は、意識化できない、その内容を想起できない、言葉で表現できない記憶のことです。その一つの「手続き記憶」は、車の運転の仕方や、箸の持ち方、自転車に乗ることなど、はっきりと意識には上りませんが、一度覚えたらなかなか忘れない記憶のことです。これは「体の記憶」とも呼ばれ、小脳の運動学

記憶の分類

1）期間による分類

- 短期記憶
  - 即時記憶
    - 一次記憶
    - 作業記憶
  - 短期記憶
- 長期記憶
  - 近時記憶
  - 遠隔記憶

2）内容による分類

- 陳述記憶（頭の記憶）
  - エピソード（でき事）記憶
  - 意味記憶
- 非陳述記憶（体の記憶）
  - 手続き記憶
  - プライミング（知覚表象システム）
  - 条件づけ

一口メモ

記憶には期間による分類や内容による分類などいろいろな分類法がある。

習機能が関与している記憶です。

「プライミング（知覚表象システム《PRS：Perceptual Representation System》）」とは、以前に経験した事柄が無意識に将来の認知や、行動に影響をおよぼす現象のことをいいます。この記憶は、例えば、現在、自分がおかれている状況に対して、迅速に判断する必要のある時、重要な役割を果たします。「入れ知恵記憶」とも呼ばれています。

このほかに「条件づけ（反射）」とは、エサをみると唾液が出るなど、経験の繰り返しや訓練により、本来は結びつきがなかった刺激に対して、新しい反応（行動）が形成される現象のことです。条件づけは、非陳述記憶に含まれます。

記憶の種類

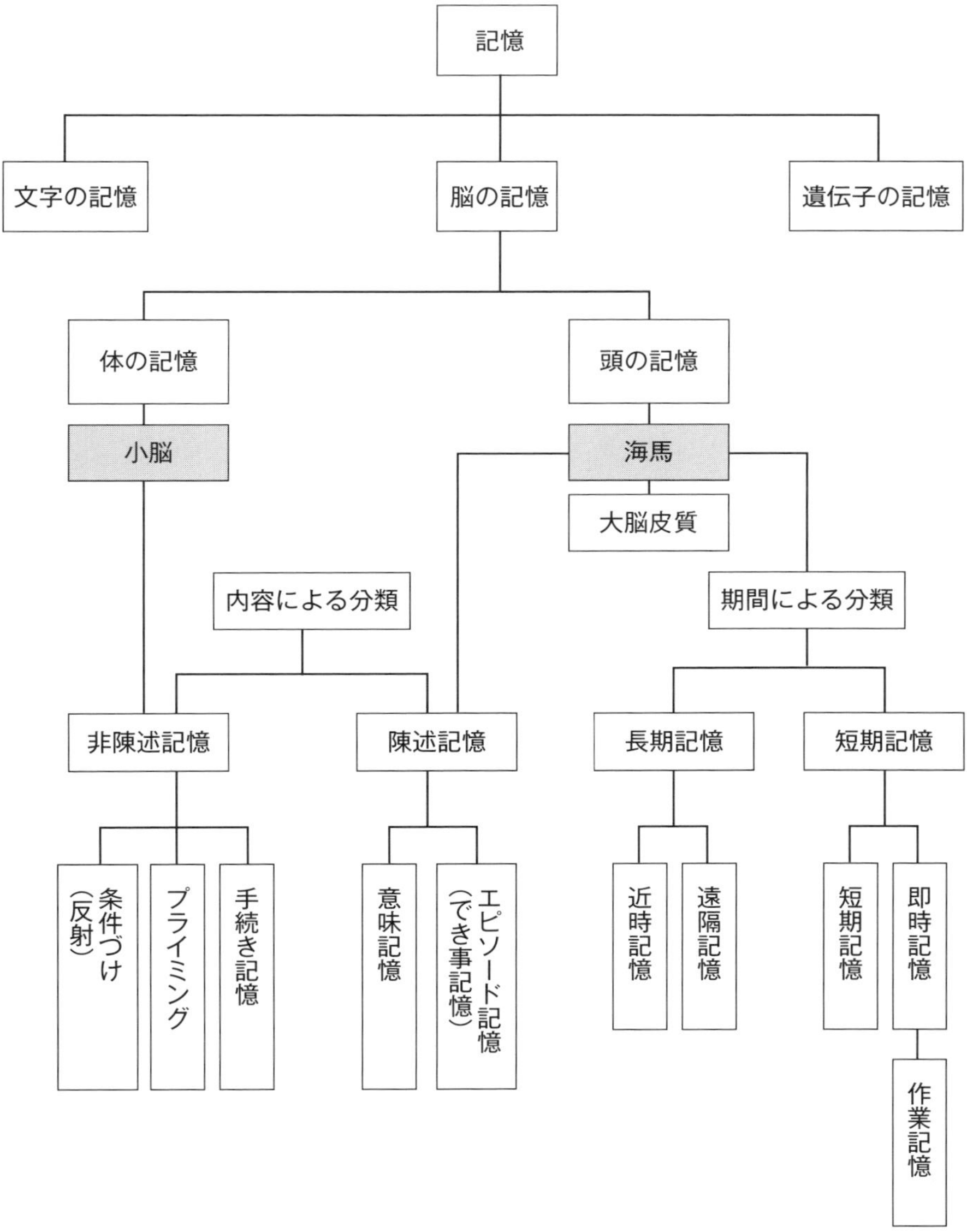
記憶
文字の記憶
脳の記憶
遺伝子の記憶
体の記憶
頭の記憶
小脳
海馬
大脳皮質
内容による分類
期間による分類
非陳述記憶
陳述記憶
長期記憶
短期記憶
条件づけ（反射）
プライミング
手続き記憶
意味記憶
エピソード記憶（でき事記憶）
近時記憶
遠隔記憶
短期記憶
即時記憶
作業記憶

4 記憶は単純系から複雑系へと進化した

ヒトの記憶には、想い出やでき事などを記憶するエピソード記憶があるということは、カナダのトロント大学のエンデル・タルヴィング名誉教授が唱えました。そして、教授は、ヒトの記憶は単純なものから複雑なものへと発達してきたとの考えをもとに記憶の分類を行ないました。それはまた、ヒトの進化の過程になぞらえることができるものであると主張しました。

教授よると、体で記憶する「手続き記憶」は最も原始的な記憶で、ヒトが進化するとともに記憶も発達し、より高次的、進化的な「エピソード記憶」をするようになりました。つまり、記憶は次の①～⑤のように、順次進化してきたといいます。

①体で覚える、手続き記憶
②プライミング（知覚表象システム）
③意味記憶
④ワーキングメモリー（短期記憶、作業記憶、作動記憶）
⑤エピソード記憶

では、ヒトの遺伝子の記憶は、どのようにして進化してきたのでしょうか？

大阪大学基礎工学部教授であった塚原仲晃医学博士は、「生物の持つことができるDNAの量には、上限があるかも知れず、それ以上の必要な情報をどこに蓄えるか。ここで生物の選んだ道は、脳を進化させ、脳に情報を蓄えることであった」と述べ（『脳の可塑性と記憶』塚原仲晃著・岩波文庫）、さらに、「この推論は、神経細胞と神経細胞がシナプスという接続で組み合わせてできたのが神経回路で、その回路を可変にして、適宜これに変更を加えるという脳の可塑性によって支持される、といえないだろうか」といいます。

記憶の発達と進化

記憶の発達・単純系から複雑系へ・進化過程

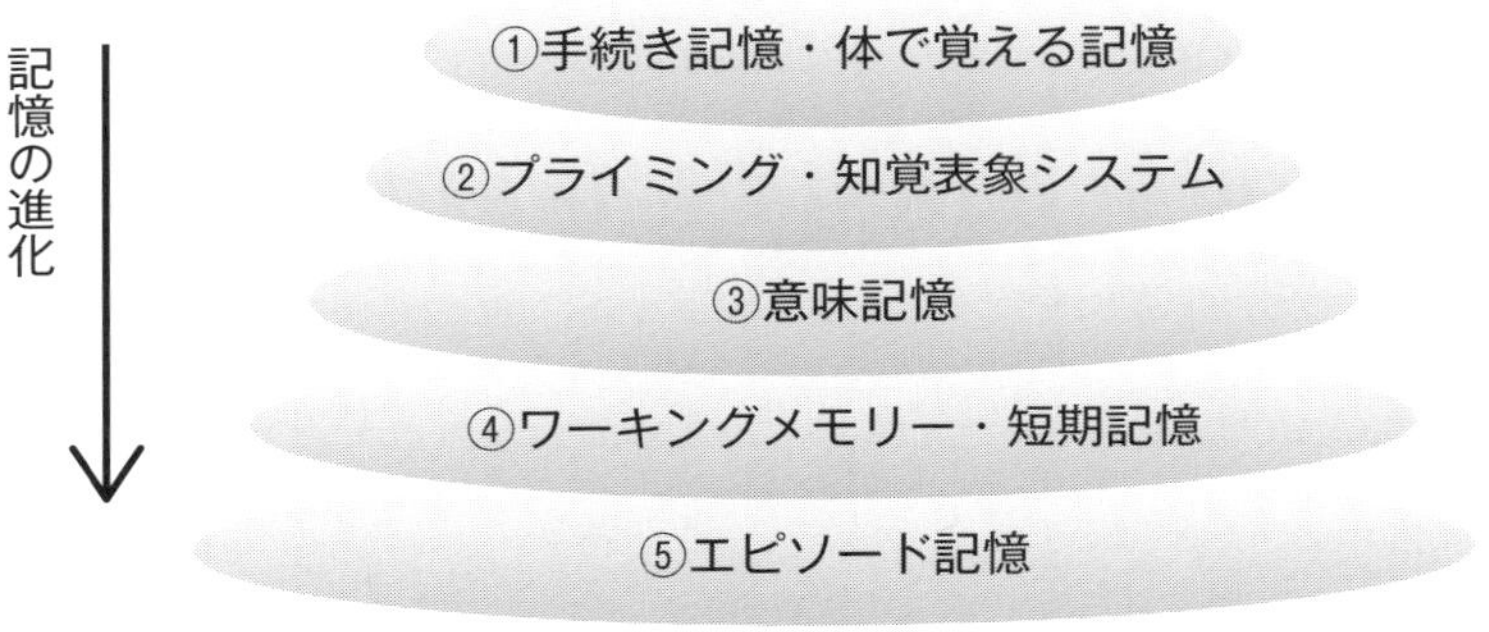

脳の可塑性とは、脳は環境などからの刺激に対して、柔軟性を持ち、フレキシブルに反応・変化することです。

また、塚原仲晃医学博士は、「遺伝子は、遺伝子自身が記憶（記録）のできる限界を察知し、脳を進化させることによって、脳に記憶させ、しかもその記憶の貯蔵においては、１４０億個以上あるニューロンの１個が、数千個のシナプスを持つことから、そのシナプスにも記憶をさせたのではないか」と述べています。

併せて、「遺伝子の記憶は、脳の記憶などと異なり、書き込みができません。自由に書き込みができる脳を進化させることによって、より記憶量を増大させ、かつ記憶を保持・保存し、忘却することもでき、必要なものだけを無限的に記憶することができるようにした」と述べ、ヒトの脳と記憶は、生涯を通じてその変化を発揮し続け、ほぼ無限に学習ができるようになったというのです。

このように、遺伝子から脳へと進化させたと考えられる記憶は現在、どのようにして、記憶容量の拡大が行われているのでしょうか。それは、次のようなニューロンの神経回路で考えることが可能と言われています。

ニューロンの神経回路で記憶を拡大するためには、

①ニューロンそのものを増やす、

②ニューロンとニューロンのつなぎ目にあるシナプスを増やす、

③信号伝達の効率化により増やす、

という3つの方法を考えることができます。

このなかで、①と②は、負担が大きいと考えられ、③の方法が記憶の基本的原理と考えられています。この③の考えは、カナダの心理学者ドナルド・ヘッブが「あるニューロンから次のニューロンに繰り返し信号が送られた場合、それに関係したシナプスでのみ伝達効率が上がる」ことを示した実験結果に基づきます。

このことから、神経回路が物理的・生理的にその性質を変化させることのできる能力、つまりシナプスの可塑性を持つことが知られました。そして、先に述べたLTP（長期増強）によって信号の通りが良くなるという生理的変化はシナプス可塑性の主なものです。

現在、多くの脳学者が、このLTPが記憶の基本的原理なのではないかと注目しています。LTPについては、後に詳しく説明します。

ヒトの記憶は、体で覚えるような
単純なものから、
想い出やでき事を覚える
複雑なものへと
進化してきたんだね

5 記憶と心はどこにあるの？

古代から、「記憶の座」がどこにあるのか、「心の座」がどこにあるのか、ともに問われ続けてきました。

６０００年前のエジプト期には、心は心臓にあると信じられ、４０００年前のバビロニア期には、心は肝臓にあると考えられました。

17世紀の哲学者デカルトは、脳の松果体《しょうかたい》に精神（心）の座があるとしました。次ページの図にある反射弓《はんしゃきゅう》の機構という反射作用によって、外界の刺激が松果体に達し、腕を動かす信号になって筋肉に伝えられ運動ができると考えたのです。

さらに、記憶について、霊気が脳室の細い穴を圧迫し、この穴を押し開き、ある感覚の痕跡を残すとしました。

このように、記憶の座と心の座の存在については、古代から活発に議論され、時代を超えて関心がもたれてきたのです。

近年、脳科学などの発展によって、記憶の貯蔵について、２つの有力な説が唱えられました。一つは「記憶の分子説」、もう一つは「記憶のシナプス説」です。

記憶の分子説とは、後に述べるシナプス説が常識になる以前の仮説で、記憶が特定の物質の構造に蓄えられているとするものです。これは、記憶が脳内の「分子」に蓄えられているという考え方で、ＤＮＡの発見に影響を受けています。

遺伝情報がＤＮＡという分子によって担われているのと同じように、記憶も何らかの分子が担っているとする発想です。

この仮説を検証するために、１９６０年代から70年代にかけて細胞内のＲＮＡ分子が記憶の貯蔵に関与しているかどうかが研究されました。機能と物質という

デカルトが著書「De Homine」（1662）で描いた図

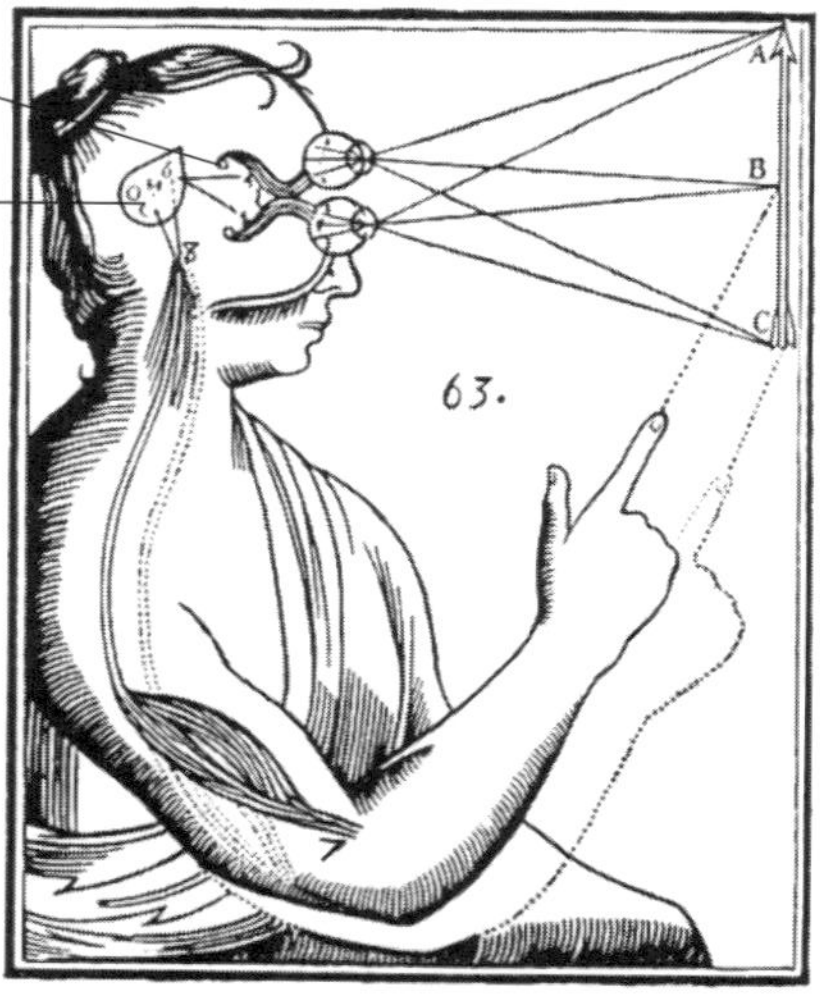

光が目から入り、脳室に投射。松果体から精気が運動神経に注入され、それに応じた動きができると考えた

（出典：「とことんやさしい脳の本」田中冨久子著・日刊工業新聞社）

分子生物学の基本に適うものとして魅力ある仮説だったのです。

一つの記憶に対応するRNAがその記憶を貯蔵する可能性を調べるため、ある記憶が記銘されているRNAを他の動物に注入することでその記憶を移すことができるかどうかという「記憶の転移」に関する研究がおこなわれたのですが、正しい検証ができなかったために支持を得られませんでした。

こうしてRNAが記憶分子であるという考え方は否定されたようにみえました。ところが、やはり、遺伝子の働きを必要とする記憶があることがわかりました。記憶が、遺伝子の遺伝情報に従って形成されるというのです。

例えば、長期記憶と短期記憶は、記憶の保持期間により区分されますが、遺伝子レベルでの分子メカニズムによる分類も可能であるといわれるようになりました。

1日以上覚えている記憶のすべては、遺伝子発現やタンパク質合成が行われることによって保持されているのではないかといわれ、つまり、ニューロン遺伝子

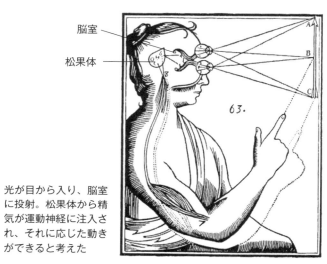

の発現とタンパク質合成を必要とするのが長期記憶で、必要としないのが短期記憶ということになります。

これらのことから、分子説が新たに注目されるようになり、記憶が脳レベルだけでなく、遺伝子レベルでも行われている可能性が指摘されています。

記憶のシナプス説では、「記憶の基礎過程にはシナプスの可塑性がある」という考え方が基本になります。

外界からの刺激が増加して記憶することが増えた場合、一つは記憶をする脳の部位の機能を高める方法、もう一つには記憶する部位の数を増やす方法があるのではないかと考えられました。すなわち、機能を高めるか、数を増やすかです。

そこで、神経回路をつくるニューロンとニューロンの接続部のシナプスが柔軟に対応しているとして、シナプスの可塑性が注目され、研究が行われました。その結果、シナプスが情報を一時的、もしくは長期的に蓄え、情報の増加に対して、必要に応じてシナプスの数を増減し、対応することがわかりました。

つまり、短期的に情報を蓄えるときはシナプスの機能性を高め、長期的に情報を蓄えるときはシナプスの数を増やすことで対応するのです。持続性の問題で、シナプスの数を増やすことが適切であるという結論に達したのです。現在の脳科学では、このシナプス説が記憶のメカニズムの基本になっています。

現在、記憶がどこで、どのように行われているのかについては、次のように考えられています。

長期記憶の形成にどのような遺伝子が必要かについては、富山大学大学院医学薬学研究部井ノ口馨教授が、CREB（クレブ）という、DNAからRNAの合成を促進するタンパク質性の転写因子である、と述べています。

CREBが活性化すると長期記憶がつくられ、また、シナプスの可塑性によって伝達効率化が高まり、LTP（長期増強）も行われるといいます。

遺伝子発現は、遺伝子DNAが核の中にあることから、ニューロンの細胞体のなかの核で行われ、転写、翻訳、タンパク質合成も細胞体で行われます。シナプスの変化は樹状突起で行われます。

このように遺伝子の記憶と脳の記憶は協力して私たちの記憶を拡大し、高めているのです。

6 考えもしないところに、記憶が保存されていた－LTP

１９７３年（昭和48年）、ある研究によって、脳科学界と神経科学界に衝撃が走りました。それは、「記憶の座」が発見されたかもしれないことを示唆するものでした。その研究は、ノルウェーのペア・アンダーソン研究室で、スウェーデンの神経生理学者ティモシー・ブリスとテリエ・レモが、ウサギの海馬内のニューロンとニューロンをつなぐシナプスに、「ＬＴＰ（長期増強）」という現象が存在することを確認したもので、このＬＴＰに記憶が保存されている可能性を示したのでした。また、後にＬＴＤ（長期抑圧）の存在も示されました。

通常、脳内の興奮性のシナプスでは、シナプス前ニューロンに一個のパルス電気刺激を行うとシナプス後ニューロンに興奮性シナプス後電位（ＥＰＳＰ）が起き、これがいくつか重なると、活動電位（スパイク）が起こることでシナプス伝達が行われます。これまでは、記憶は、興奮性シナプスに蓄えられているということが信じられていました。そして、ブリスとレモが、海馬において、シナプス前ニューロンに短時間の高頻度刺激を加えると、シナプス後ニューロンのＥＰＳＰが数時間にわたって増大する現象が起こることを示しました。シナプス伝達の増強が起こったのです。

従って、シナプスは、シナプス自身の可塑性によって記憶をするといいますが、ＬＴＰは、情報をより強く伝えることによって、それまで余り活動していなかったシナプスに強い刺激を与え、突然、活動を起こし活発化するようにしてシナプスの伝達効率を高めるのです。こうしてシナプス伝達効率を変化させ、その変化を長時間にわたって持続させることによって記憶を作るという考えが現在受け入れられています。

海馬のCA3領域からCA1領域へのシェーファー側枝経路で記録された長期増強（LTP）

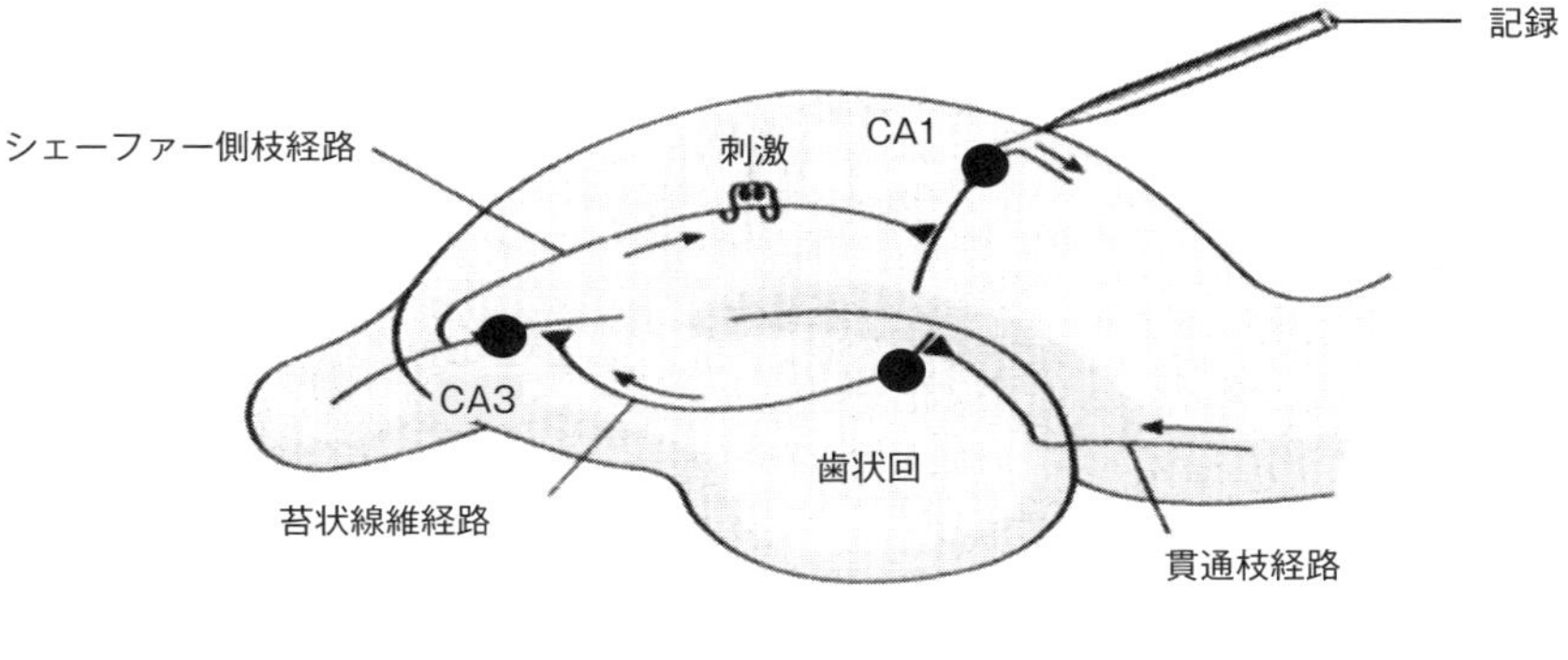

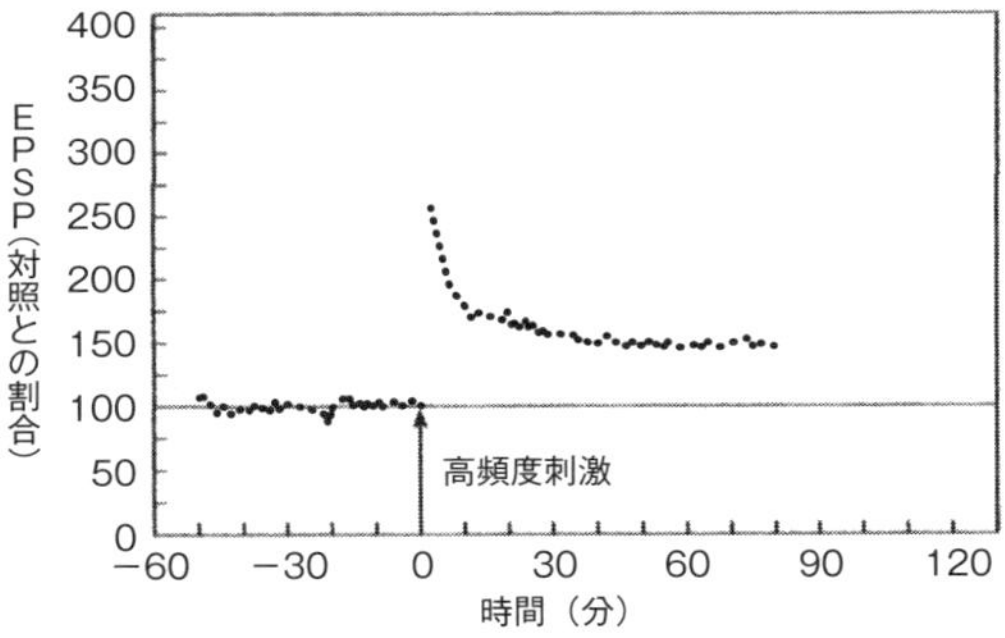

上図：シェーファー側枝経路に高頻度（100Hz）の電気刺激を与え、マイクロ電極で、CA1 細胞の集団が引き起こす興奮性シナプス後電位（EPSP）を記録する。

下図：電気刺激を矢印のタイミングであたえると、CA3-CA1 ニューロン間のシナプス結合で記録される EPSP は、1 時間以上にわたって増強する。

（ディモシー・ブリスとテリエ・レモの実験結果をもとに作図）

長期増強と長期抑圧のメカニズム

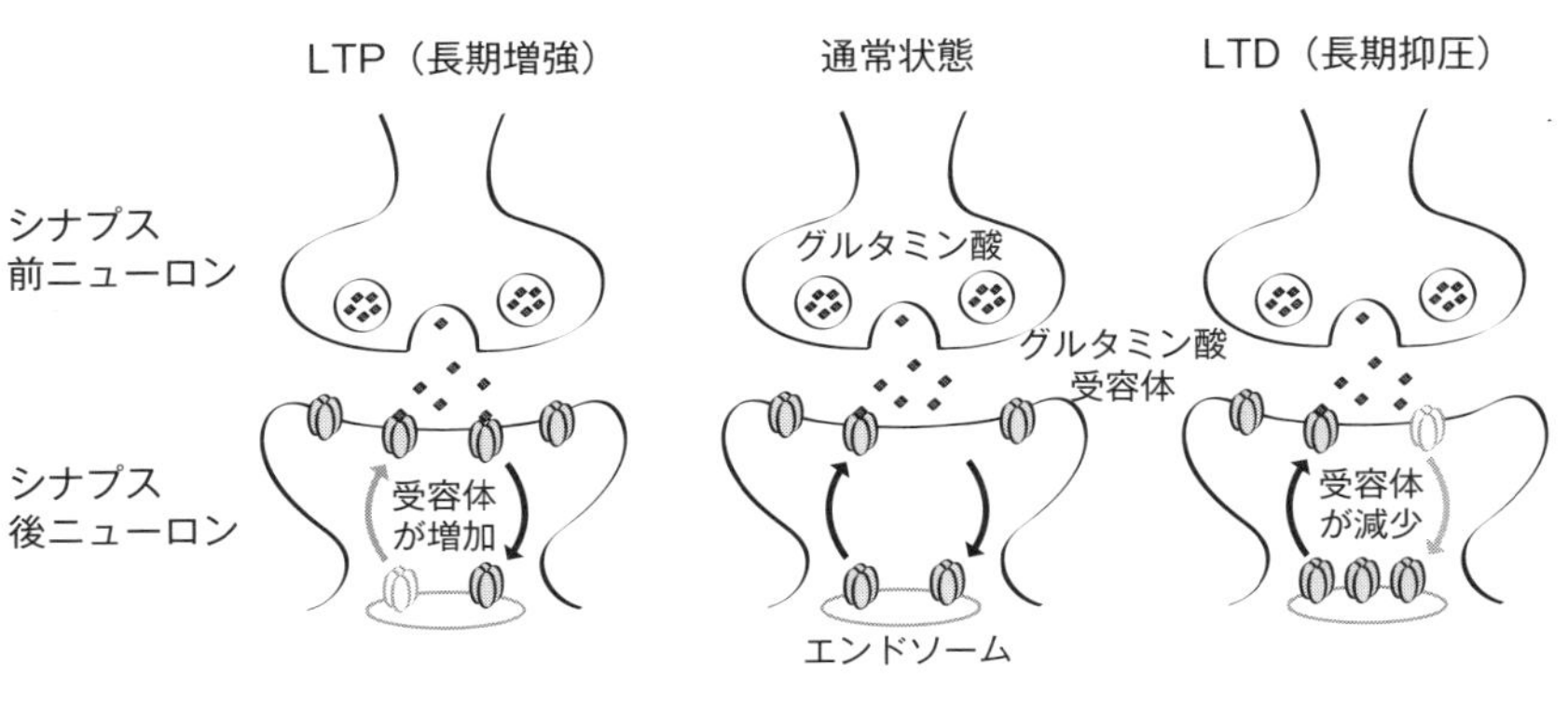

言い換えると、記憶は、刺激と多く接することによって、記憶そのものが増強します。例えば、学習を多くすることで、ＬＴＰの効果を引き出すことができ、さらに集中するという刺激によって、シナプスをより速く、より強く伝達効率化することで、結果として学業成績の向上につながるというものです。

その後の生理学的および薬理学的研究により、海馬のシナプス長期増強にシナプス後ニューロンの膜にあるＮＭＤＡ型グルタミン酸受容体チャネルが本質的に重要であることが明らかにされてきました。

進化の進んだヒトの脳における速い興奮性シナプス伝達の大部分はグルタミン酸を神経伝達物質としています。その受容体には代謝活性型とイオンチャネル型があるのですが、イオンチャネル型のグルタミン酸ＮＭＤＡ型受容体が関与しているのです。グルタミン酸受容体チャネルは脳における神経情報伝達に中心的な役割を果たしています。

海馬でＬＴＰが観察される歯状回《しじょうかい》の神経伝達物質もグルタミン酸で、シナプス後ニューロン膜のグルタミン酸受容体チャネルが活性化することにより、興奮が伝わります。高頻度刺激によってシナプス前ニューロンからのグルタミン酸放出量が増大すると、シナプス後ニューロンでのＮＭＤＡ型グルタミン酸チャネルのより強い活性化が行われ、その結果、ニューロン内へのナトリウム流入と共にカルシウムイオンの流入が起こります。このカルシウム濃度が閾値《しきいち》を超えた時、ＬＴＰの誘導が起きるということがわかりました。

なお、これまでのＬＴＰのメカニズムの説明は、早期のＬＴＰについてですが、後期のＬＴＰのメカニズムについての研究も進んでいます。これには、シナプス後ニューロンにおける遺伝子の転写とタンパク質生合成を必要とするとされていますが、仮説の段階です。

ＬＴＰが記憶に深く関与しているだけでなく、記憶を持つかどうかを、現在、多くの研究者らが研究を進めていますが、その答えは、おそらく記憶の機能がある、という回答になると考えられています。

また、ＬＴＰが記憶する機能を持つことで、私たちの記憶はとてつもない広がりを持ちます。さらに、ＬＴＰが現象であることから、「記憶の座」の存在だけでなく、「心の座」の解明が期待されています。

7 心を創るメカニズムとは？

私たちヒトは自分が抱く思い、話す言葉や行動だけでなく、人とのつながりも、記憶に頼っています。それらは、過去に学習したことや経験したことなどを記憶に保存していることが基盤になっています。

記憶はまた、私たちの精神生活や日常生活、社会生活を支えています。さらに、私たち個々の個人史を保存しています。

私たちの体は、外界から感覚刺激（視覚、聴覚、体性感覚、嗅覚、味覚）を受けると、その情報を電気信号によってそれぞれ特定の新皮質一次感覚野に伝えます。次いで、後連合野（頭頂連合野、後頭連合野《こうとうれんごうや》、側頭連合野）と前頭連合野にも情報を送ります。

これらの連合野の情報は嗅内野や海馬傍回で中継されて、海馬にも伝わります。海馬に送られてきた情報は、記憶形成に関わり、短期記憶または長期記憶として選別が行われ、記憶の固定化がなされます。

この過程の中で、情報は、一次感覚野に到達した時点では、単なる〝感覚〟です。この後、これらの感覚を基礎にしながら、体験される諸感覚が統合的に表象として反映されたものが〝知覚〟です。

さらに〝知覚〟している知覚像を、記憶している一般的表象と照合し、その形相を判断して〝認知〟、とします。外界からの感覚情報を〝知覚〟し、〝認知〟するのは後連合野で、ここで感覚的知覚・認知から簡単な弁別学習の経過を経て符号認知への基盤が形成されます。この〝認知〟によって、〝心（精神）〟としての素材がつくられているのではないかと考えられています。なぜなら、連合野は、〝認知〟の基盤として、過去の体験を記録・保持し、海馬の手がかりを通して、いつでも想起（再生）する機能を持っていて、照合で

心の形成と連合野と海馬

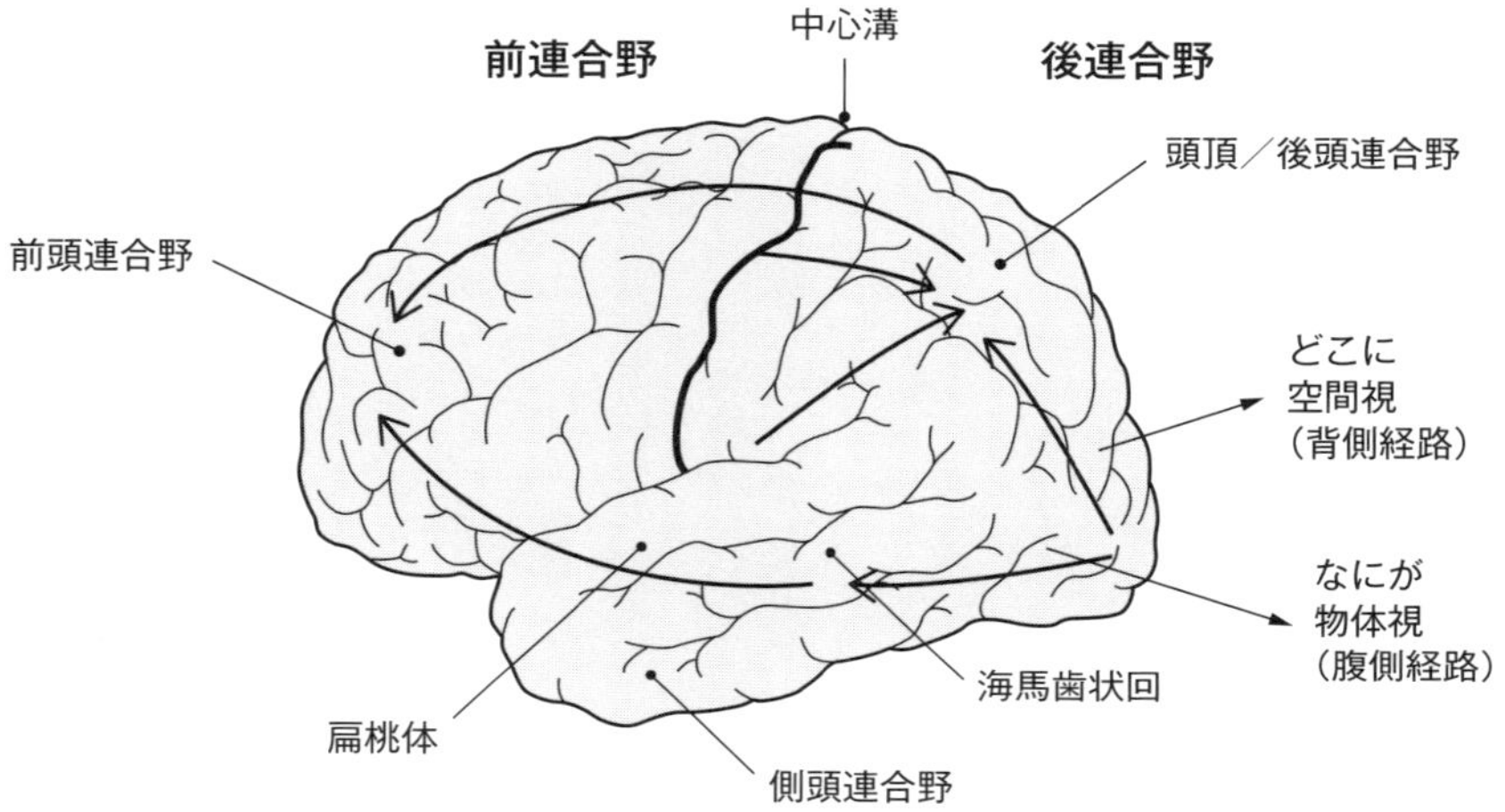

きるためです。

さらに、情報は、高次の符号である言語を媒介として抽象的思考の段階へ進むために前頭連合野に送られます。前頭連合野には能動的性質を持った言語に関する領野があり、これにより連合野での概念の形成、判断、推理などの思考と意思の形成を可能にします。この形成された思考や意思は、想起された記憶と照合され、〝心（精神）〟の素材として統合されると考えられています。

また、その主観的内的活動を、物理的媒体を通して表出し、他の人に伝達し得る言語の構築が行われます。すなわち、記憶は、〝心（精神）〟となる概念の形成、判断、推理などの素材として照合され、思考や意思の形成による心（精神）に統合され、あるいは〝心（精神）〟の一部になっているものと考えられています。

現在、脳科学では、大脳にあるすべてのニューロンの動きを記述することで、心の実体を知ることができると考えられています。どこで、どんな時に、ニューロンがどのような活動をしているかを記録することで心の解明が可能なのではないかという考えです。

第2章

もの忘れと忘れる記憶の違いとは?

8 ど忘れは、なぜ起きる

人と話していて、知っている人の名前が出てこない、喉まで出かかっているのに言葉にならないなど、なかなか思い出せないということがよくあります。これは年齢を問わず、誰しもが経験する「ど忘れ」です。

一瞬、または一時的に記憶を想起（再生）できないというのが「ど忘れ」で、つまり、過去に記憶として憶えていたものが、意識に上がらないことや、言葉にならないことを言います。ど忘れが脳のシステムの何が不足で発生するのか、また、記憶の想起で何が起きているのか、未だその原因ははっきりしていませんが、「記憶のフック」による記憶の希薄化、または、「脳のゆらぎ」による記憶想起のタイミングの悪さ、という、2つの説があります。この後、ど忘れに関するそれらの説を述べていきます。

ところで、高齢者の中には、ど忘れやもの忘れを度々繰りかえしてしまうという方が多いようですが、どちらかというと、「何をしようとしていたのだろうか」という「もの忘れ」が主になります。このもの忘れは、「ワーキングメモリー（作業記憶・作動記憶）」が働かないためにおこります。他方、もの忘れの原因の一つとしては、新しい記憶を想起させるために必要な情報伝達物質ドーパミン不足が考えられています。ドーパミンは脳内で、精神の興奮や、攻撃性、創造性などに関与する物質で、記憶にとっても大事な働きをしているのです。これについては、後に述べます。

「記憶のフック（FOK-Feeling of Knowing）」については、ハートが1965年に、

①情報の既知感と、

②後になって、その情報を正確に思い出すことができるという思い込みである、

ど忘れは誰しにもよくある

と定義しました。そのため、記憶が希薄化してしまう可能性があるのです。

そもそも、ど忘れは本当に忘れているわけではなく、いつでも思い出せる記憶ですが、その記憶の想起（再生）がうまく行かず、思い出せないのです。ど忘れでなかなか思い出すことができないのは、

ど忘れした単語や言葉など、それらをあまり使用することがなくなり、記憶が希薄化したため、あるいは、希薄化した記憶になっていることに気づかずに、容易に思い出せるという錯覚に陥ってしまっているため、といいます。

ど忘れのもう一つの原因としての「脳のゆらぎ」については、東京大学大学院薬学系研究科教授池谷裕二博士が提唱しています。

脳のゆらぎとは、ある同じ刺激に対して、脳のニューロン回路の働きはその都度反応が変り、同じにはならない、という現象からの言葉です。つまり、実験で、同じ入力刺激を何回かある特定のニューロンの回路に与えたところ、その都度、別のニューロンの組み合わせが活動してしまうという結果になりました。その理

由は、脳はいつも同じ反応をするわけではなく、また、非定常で、脳は一定せずに、「ゆらぎ」の状態にあるからだといいます。

池谷裕二博士によると、ニューロン回路の内部には自発活動があって、回路状態はゆらいでおり、脳が入力刺激を受けると、回路はその瞬間の「ゆらぎ」を取り込んで記憶を出力する、その結果「入力＋ゆらぎ＝出力」という記憶の想起の計算が成り立つといいます。

脳のゆらぎは、脳がある刺激の入力に対応するための行動直前の脳の活動状態に依存するのだそうです。脳のゆらぎは脳の内面を規定していて、記憶のみならず、運動、知覚、注意力などにも影響します。

すなわち、ど忘れは、脳のゆらぎの影響で、タイミングが悪く、記憶を想起できない状態に陥ることによって起きるというのです。

では、ど忘れしたことを思い出すにはどうしたらいいのでしょうか。ど忘れは、「記憶のフック」により、あるいは、「脳のゆらぎ」の影響で起きるのですが、いずれにせよ、ど忘れした事柄についての記憶は残っているわけです。

そこで、記憶のフック説に基づけば、その記憶に関連することや、連想することで、容易に思いだすことができることになります。

脳のゆらぎ説に基づいても、ど忘れした思考回路から一旦離れ、思考回路を新たにして、その単語や言葉に関連する記憶を思いだすことや、時間や場所を変えてみることで、容易に思いだすことが可能になるといえます。

すなわち、ど忘れのした事柄との関連づけ、連想によるきっかけをつかまえることや、脳のゆらぎを利用し、忘れたことを何度か思い出すことでタイミングを合わせるという試みをすることで解決できることになります。

ど忘れが起きる原因には２つの説があるが、思い出す方法はいろいろとあるみたいだね

Column

思い出の中に生きていた患者HMさんという人

ヘンリー・グスタフ・モレゾン（HM）さん（1926年－2002年）は米国コネチカット州で76年の人生を送った男性です。9歳の時の自転車事故で難治性のてんかんを発症し、度重なるてんかん発作で悩まされたため、1953年に、両側の内側側頭葉の一部分の切除術を受けました。彼の死後解剖から、海馬、海馬傍回、扁桃体のおよそ2/3と内嗅皮質の全てが破壊、また残された海馬も大部分は萎縮していて、海馬への主要な入力部である内嗅皮質は破壊されていたことから、HMさんの海馬は完全な機能不全に陥っていたと考えられました。

HMさんの状態は、重症の前向性健忘と時間によって強弱のある逆向性健忘としてまとめられると言われています。彼は、新しいでき事や新しい知識の長期記憶を形成することが全くできませんでした。「彼は、基本的に、思い出の中を生きていた」、と表現されています。

このような健忘にも関わらず、HMさんは、知的検査を極めて正常に遂行し、ほぼ正常な言語能力を持っていました。

また、HMさんには、運動学習能力が温存されていました。つまり、手続き記憶が内側側頭葉には依存せず、意味記憶やエピソード記憶が依存することと対照的であることを示しましたのでした。

ヒトの記憶の理解に関しても、記憶固定の神経基盤を提示してくれました。時間により強弱のある逆向性健忘では、いまだに幼少期のことを思い出せるが、手術前数年間のことを思い出せないことを示して、幼少期の記憶は内側側頭葉に依存しないが、最近の長期記憶は依存することの証明とされました。HMさんは、生涯をかけて、「記憶の座」を身をもって示してくれました。

9 もの忘れするのは、年老いたから？

もの忘れをすると、中高年者の多くの方は年老いたからと思い、あるいは高齢者のなかには認知症の兆しでは？という不安がよぎったりします。ところが、本当は、もの忘れは子どもから高齢者まで、年代にかかわらず多くのヒトが経験していることなのです。例えば、小学生時代に宿題を忘れる、学生時代に友人と会う約束を忘れる、仕事で忙しい時に大事なお客さまとの打ち合せ時間を忘れて遅れてしまう、などなど、もの忘れはどの世代にも共通して起る現象です。ただし、もの忘れが、加齢による脳の機能低下や萎縮よって多く引き起こされるという報告もあります。

もの忘れのなかで最も多いケースは、ある目標を設定し行動していたところで、別の目標を設定し行動をしてしまうことで、最初の設定目標を忘れてしまうことです。このケースは、行動しながら記憶をしなければならない場合に起きやすいとされます。私たちの日常生活や社会生活では、必要な行動内容を一時的に心の中にとどめておく記憶が働いています。その記憶を「ワーキングメモリー（working memory）＝作業記憶」と呼び、即時記憶の一種ですが、ある一定の目標行動をするために、その目標に向け心の中に書きとどめておく、「心のメモ」です。

ワーキングメモリーには、今、まさに起こそうとしている行動のために、一時的に、脳にある様々な情報を収集し、保持する必要がある時、脳の前頭葉が役割を果たすとされています。前頭葉は、ある行動を起こすための記憶情報を想起するためにも必須の役割を果たすと言われています。この記憶がうまく働かないと、もの忘れを起こしやすく、日常生活や社会生活でトラブルの原因になってしまいます。

ワーキングメモリーは、もの忘れを防止し、スムーズな日々の暮らしを維持するために重要な役割を果たしているのです。

ワーキングメモリーは、大脳皮質のドーパミン受容体量と相関性を持つということが過去のマウスによる動物実験から実証されています。脳幹部の腹側被蓋野《ふくそくひがいや》や黒質《こくしつ》という場所のニューロンで産生されるドーパミンという神経伝達物質は、大脳全体にニューロンの軸索を介して送られていますが、その受容体の働きが阻害されると、ワーキングメモリーが低下し、もの忘れが増えるのです。受容体とは、細胞外からの神経伝達物質やホルモン情報を受け取り細胞内情報に変換するもので、ドーパミンなどのカテコールアミンの受容体は細胞膜上に局在しています。

コロラド大学のハスカー・デイヴィス博士とケリー・クーパー博士が、20歳から89歳までの４６９名の被験者に２つの記憶テストを行いました。

まず、誰もが知っている15個の単語が読まれるのを聴き、それらの単語をできるだけ思い出すというもので、単語の聞き取り、記憶の想起を確認するテストです。これを４回繰り返しましたが、その都度15個の単語は異なる順番で読み上げました。

次に、異なった単語リストを用いた認識能力に関するテストを行いました。30単語を示し、そのうちの半分はリストからのもので、それぞれの単語が学習リストにあったものかどうか判定してもらいました。この認識テストでは、想起テストよりも簡単だったことから、被験者たちは多くの単語を認識できました。

さて、このテストの結果ですが、想起と認識テストともに、20歳代の成績が最も優れていて、年齢が上にいくほど成績は低下しました。

認識テストでは、80歳代を除いてその成績に大きな差がありませんでしたが、記憶の想起テストになると70～80歳代に極端な落ち込みがありました。

しかし、70～79歳代のうち約20%の人が、平均30歳代の人よりも、想起テストで好成績を残したというのです。加齢によって認識能力、記憶力ともに減退すると考えがちですが、個人差が大きいという結論でした。つまり、加齢はもの忘れが多くなる一因と考えられますが、絶対的なものでないということです。

10 海馬ニューロンは生涯新生されるというけれど

最近まで、ニューロンは胎生期から幼年期において生じ、成体期では生じないと信じられていました。でも、記憶に関わる海馬体の歯状回という場所において、生涯を通じて新しくニューロンが生み出されていることが明らかになりました(左図)。ニューロン新生とは、神経幹細胞と呼ばれるニューロンの元になる細胞がニューロンへ分化することです。ニューロンは決して再生しないという定説が覆ったのです。このことは、最初はラットやマウスで、その後、サルやヒトでも確認されました。

海馬で新生されるニューロンは、歯状回の顆粒細胞として機能しますが、成熟した顆粒細胞とは大きく異なり、幼若タイプのニューロンに近く、発火しやすく、神経可塑性に富んでいます。成長すると海馬回路網に機能的に組みこまれるということもわかりました。

海馬の歯状回部位は、空間記憶におけるパターン分離ということを担当していますが、この作用は主に新生ニューロンが司っていることがわかっているそうです。パターン分離とは、記憶が積み重なってくると、それまで気づかなかった小さな違いを区別できるようになることです。また、記憶のアップデートという、新しい情報が入ってきたとき、古い記憶情報はこれを連合して書き換えることを行いますが、この作業においても、そして過去の記憶の整理、記憶の形成、保持、消去なども行うという、新生ニューロンは記憶に関する中核的な働きを担っていると考えられています。

こうして、ニューロンは再生しないという定説が覆ったことから、ヒトも、年老いても記憶力の低下や、もの忘れもしないのではないかと、夢のように、考えられるようになりました。でも、話は、それほど甘い

海馬の歯状回部位での新ニューロン産生

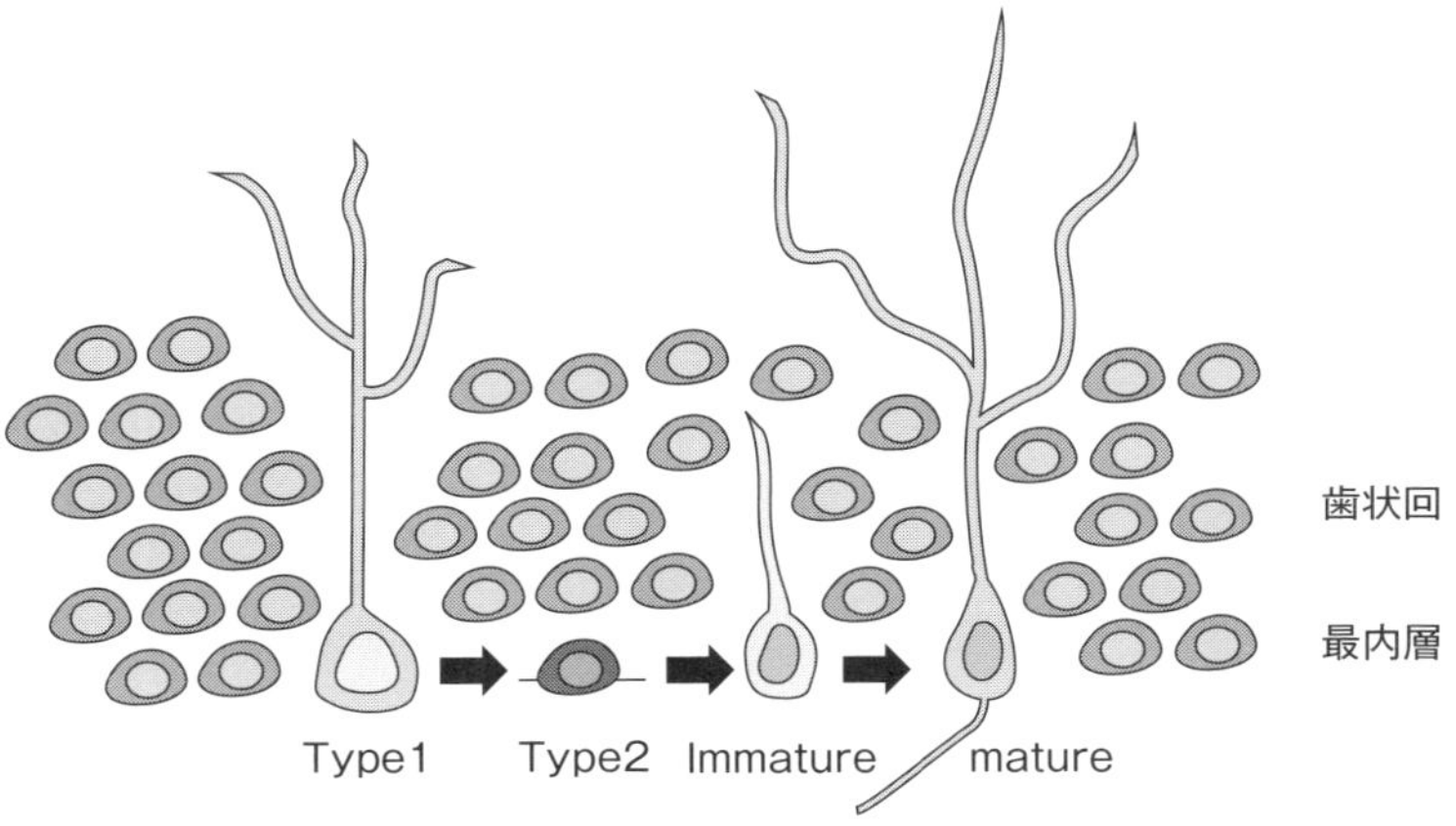

海馬の歯状回部位では、神経幹細胞からニューロンが分化し、タイプ１ セルからタイプ２ セルへの分化の進行と共に放射状の突起が消失し、その後、軸索を伸ばし、ニューロンへと成熟していく、つまり新生ニューロンの産生である
（出典：「ニューロン新生（脳科学辞典）」）

ものではありません。海馬ニューロンの新生は、様々な因子によって影響を受けるのです。まず、⑴新生ニューロンの数を増加させるためには、運動や学習行動が必要であること（次ページ上）、⑵性ステロイドホルモンの環境が必要であること（次ページ下）、一方、⑶加齢により神経幹細胞の数は比較的保持されるが、新生ニューロンへの分化と生存が極めて低い、という研究結果が出てきています。

ですから、生涯にわたって新生ニューロンを生み、育てていくためには、適度な運動、学習行動、生殖機能の低下を放置しないこと、等々の努力が必要となるのでしょう。往往にして、このような努力を怠る日常生活を送った末の記憶機能はどうなるのでしょうか。第6章で述べますが、ヒトでは、18歳以上77歳までの脳には新生ニューロンが見当たらなかったそうなのです。そして、個体差はあるものの、認識テストでは、80歳代を除いてその成績に大きな差がありませんでしたが、記憶想起テストになると70～80歳代に極端な落ち込みがあったのでした。

実は、生活習慣の悪さと関係して減少するであろう海馬ニューロン新生要因以外にも、加齢は、脳の各種組織の機能を老化させ、機能低下させることによっても記憶力に影響し、記憶機能の低下を起こすことが分かってきています。脳血流の低下、活性酸素の大量発生、などが脳機能の低下を起こし、老化促進などの原因になるともいわれています。

年老いることによってもの忘れが多くなるのは、記憶を支援する脳の組織が機能低下することによって起こるということになります。

海馬ニューロン新生には軽運動が有効

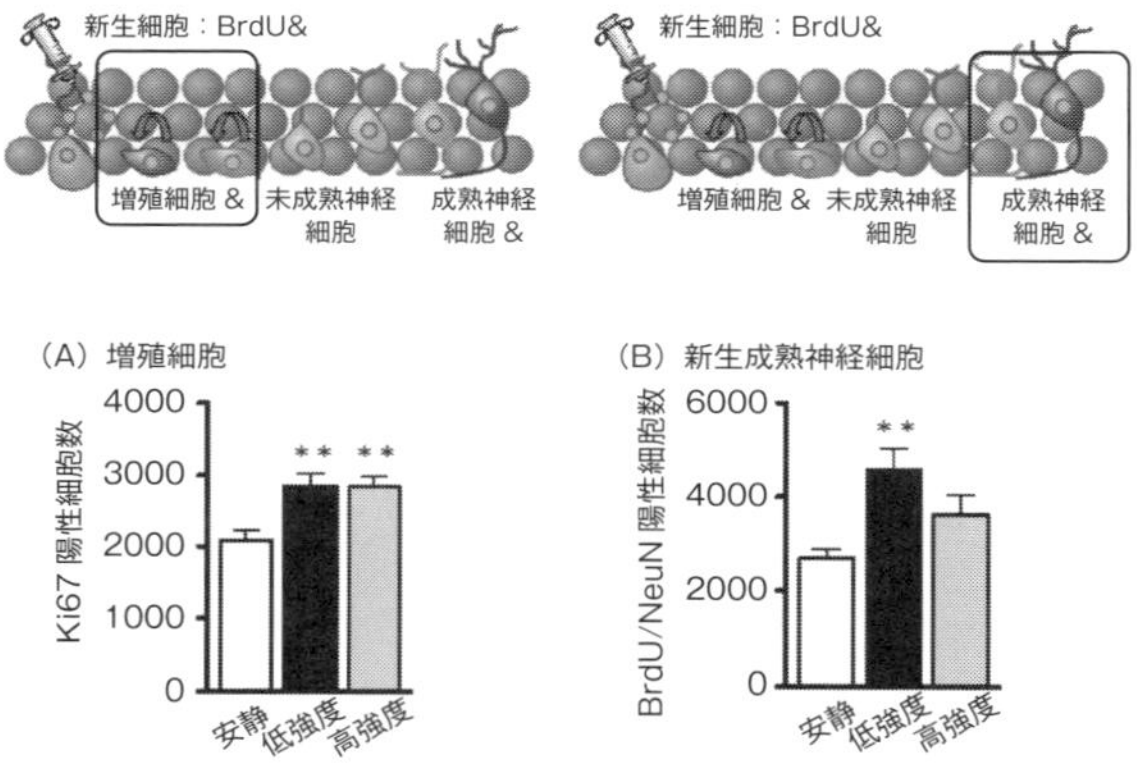

異なる強度の6週間走運動トレーニングが神経新生に及ぼす影響を示す図。(A) Ki67陽性細胞数、(B) BrdU/NeuN陽性細胞数。細胞増殖は強度に関係なく、運動で有意に促進された。一方、新生細胞の成熟は、ストレスフリーの低強度運動のみで有意に促進された。(筑波大学の発表資料より)(2015年征矢英昭教授らのグループ発表)

海馬ニューロン新生は、去勢すると減少し、エストロジェン投与すると増加

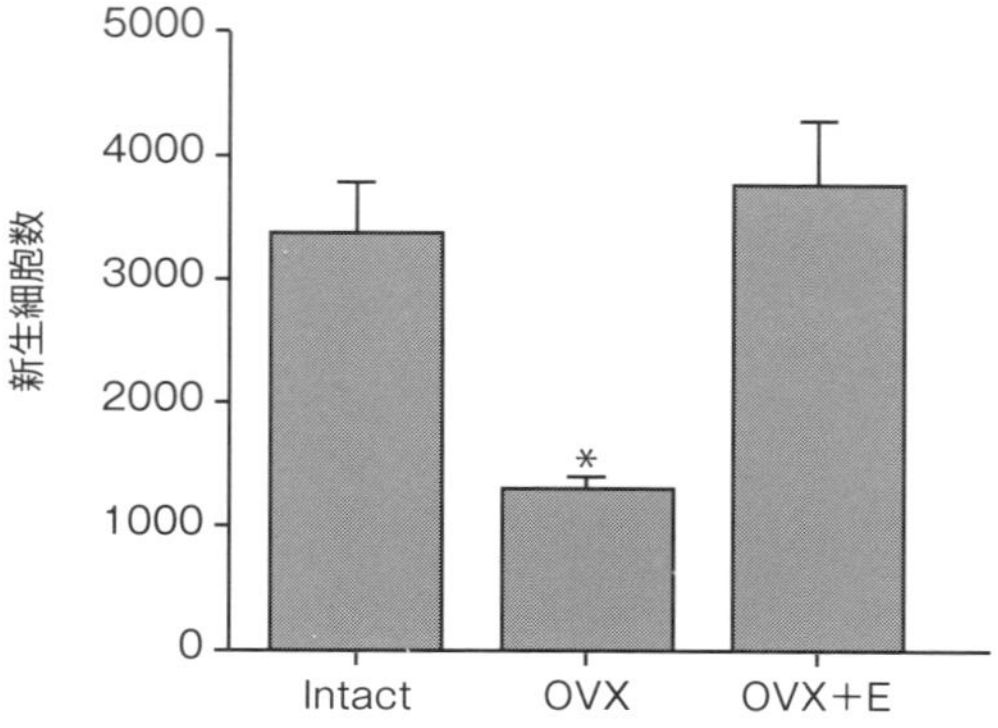

Intact; 正常、OVX; 去勢、OVK-E; 去勢 - エストロジェン
Tanapat P ら、J Neuroxci 1999 より

11 もの忘れを起こす誘因とは？

もの忘れは、年齢に関係なく誰にでも起きることに先に触れましたが、ここではもの忘れを起こす誘因とされる生活習慣や疾病などについて説明します。

その誘因とされる主なものとして、ストレス、睡眠不足、生活習慣病、うつ病などが挙げられます。

ストレスとは、ヒトの生体に外傷、寒冷や暑熱などの物理的刺激、体の拘束や伝染病などの生物的刺激、怒りや不安などの精神的緊張などの心理的刺激、中毒、酸素不足や栄養障害などの化学的刺激が加わったときに生体に歪みが起こった状態をいいます。ストレスは多種多様ですが、ストレスによって数多くのホルモンが分泌され、その影響が記憶の働きに及び、もの忘れや記憶力の低下が起きます。特に、記憶の中枢である海馬は、ストレスに対して脆弱なのです。

例えば、心理的・肉体的ストレスを受けると、ストレスホルモンと呼ばれる糖質コルチコイド（コルチゾルなど）の副腎皮質からの分泌量が増加します。糖質コルチコイドは海馬において、脳内で最もたくさんの受容体をもっていて、そのため海馬はこのストレスホルモンに感受性の高い部位とされています。したがって、ストレスで分泌される糖質コルチコイドは海馬歯状回の新生ニューロンを阻害し、海馬機能に変化を与えて、もの忘れや記憶の低下を起こすとされています。ただし、海馬はこれらの受容体を介してストレスを回避する機能を備えているという報告もあります。

なお、コルチゾルは、私たちの体内では、肝臓での糖を新生し、筋肉でのタンパク質代謝、脂肪組織での脂肪の分解などの代謝の促進、抗炎症および免疫抑制など、体にとって重要な働きをする必須のホルモンです。

コルチゾルの分泌量は朝が最も高く、夜には低くなり、私たちの体の一日の活動リズムを整えています。

また、睡眠と記憶の関係ですが、睡眠中、とくにレム睡眠の時期に脳の海馬では、記憶の整理整頓をしていることが知られています。短期記憶と長期記憶を分ける作業や、ワーキングメモリーの容量の調整などをしていると考えられています。そのため、睡眠を充分にとらないと、海馬での作業に支障をきたすことになります。

すなわち、睡眠不足は記憶に悪影響を与え、もの忘れのみならず記憶力の低下を招くことになります。

睡眠時の脳では、体のメンテナンスの一環として、老廃物の除去なども行なっています。例えば、認知症の一種のアルツハイマー病の原因のひとつと考えられているアミロイドベータの除去処理も睡眠時に行われるため、睡眠量が少ないとアルツハイマー病に疾患するというリスクが高まるといわれています。

もの忘れには、「生理的なもの忘れ」と「病的もの忘れ」があります。生理的なもの忘れと病的もの忘れの大きな違いの一つは、忘れたことを自覚しているか、忘れたことに自覚がないかです。私たちの記憶力は30歳から40歳をピークにゆっくりと低下し、程度の差はあるものの、だれにでももの忘れが起きるものです。

一方、加齢だけではなく、糖尿病、高血圧、脂質異常症などの生活習慣病や、うつ病などの疾患も、もの忘れや記憶力の低下のリスク因子になるという報告があります。

例えば、うつ病は、意欲の減退やふさいだ気分などが継続することで、集中力、注意力、判断力、実行能力などの低下症状をともないますが、もの忘れや記憶力の低下をともなうことも少なくありません。この原因としては、脳の神経伝達物質で、脳内に広く分布し、生体リズムや情動に深く関与するセロトニンや、日常の活発な動作の源となる自律神経の一つである、交感神経に働くアドレナリンが不足することによって脳の働きが低下し、その影響を受けるためだということが挙げられています。

また、高血圧は、放置することで心臓病や脳卒中の発症リスクのみならず、記憶障害が増えるという報告もあります。

12 発想のもとは、「ひらめき」だ！

私たちの脳は、時には思いもよらない不思議な機能を発揮します。その一つに「ひらめき」があります。

ひらめきとは、「突然心に浮かぶ」、あるいは「ふと思いつく」など、いずれにしてもハッとして得心し、納得することを意味しますが、実は記憶と深い関係にあります。

ひらめきとは、記憶のことです。それは、ひらめきが、自分が過去に記憶し、保存していた多くの陳述記憶やエピソード記憶のなかに埋もれていたある記憶を呼び起こし、直面する難題と巧みに結びつけることによって、解決し答えを得るという記憶だからです。

また、ひらめきは思いついた後に、その理由を言葉などで明示的に説明できることに特徴があるといわれています。心のなかの発想力、あるいは構想力の成果と考えられるもので、これは、ひらめきが無意識下にあった記憶を意識化することによって得られるものだからです。

では、なぜ無意識下の記憶を意識することでひらめきが生じるのかについては、次に説明する「デフォルト・モード・ネットワーク」によることが考えられます。ひらめきとは、潜在能力の賜物といってもいいかもしれません。

ところで、ひらめきと比較されるものに、「直感」があります。直感は多くの経験や訓練を基盤に判断されるものです。よくいわれる「勘」は、直感の典型的な例です。直感については後で詳しく説明します。

１９９０年代に、脳の活動に関連する血液の流れをコンピュータで視覚的に捕捉できる医療器機、「ｆＭＲＩ（機能的磁気共鳴画像法）」が開発されました。これにより、脳の動きや働きが手に取るよう見ら

脳を休ませることで解決される

埋もれている記憶を想起させる

れるようになり、一つは脳の部位と記憶の働き、もう一つは脳の無意識に存在する記憶の働きの研究に用いられました。

脳の部位と記憶の働きでは、例えば、ｆＭＲＩの被験者に家族の写真や、怖い写真を見せる実験を行ったところ、愛情や恐怖心などを感じた時に、脳はそれぞれに応じた部位を活性化させることがわかりました。愛情や恐怖心による脳の働きを特定できるようになったのです。

また、これらの実験から、「心とは何か」ということが解明できるのではないかという期待も膨らみはじめ、多くの科学者は、ヒトの意識や意志の問題を扱い、ヒトが意図するときの脳が活性化する部位を特定しようと、様々な研究を盛んに行うようになりました。

脳の無意識に存在する記憶の働きでは、米国のワシントン大学の神経科学者マーカス・レイクルが、ｆＭＲＩの実験で、ヒトの意識や意思で脳が活性化するという部位の研究よりも、脳には余白状態がある、ということに注目し関心を持ちました。

脳の余白状態から、脳が無意識な状態にありながら自発的に活動し、広範なネットワークを形成していることを発見したのです。それを「デフォルト・モード・ネットワーク」と名づけました。

デフォルト・モード・ネットワークは、ヒトが何かの課題に意図的に取り組む時はその活動は低減していて、課題への取り組みをやめると突如生気を帯びて活発に動きはじめるというものです。例えば、ぼんやりしたり、何気なく窓の外を見たり、のんびりと散歩をしている時に、このデフォルト・モード・ネットワークは活発に働いて、突如、今まで思い悩んでいた課題にとてつもない発見の瞬間が訪れ、ひらめきをもたらしてくれるというのです。

デフォルト・モード・ネットワークの中心にあるのは大脳皮質の後帯状皮質ということです。後帯状皮質は、大脳の内側で、脳梁の辺縁近くにある帯状回の最後部にある脳の部位ですが、主に自分自身の記憶を想起、あるいは呼び戻す上で重要な役目を果していると考えられています。この部位は、さらに、周囲の環境変化や新たな情報に対応する機能をもつとされています。すなわち、この部位は、想い出やでき事記憶と新たなデータを照合すると考えられています。

ひらめきは、自分が過去に記憶し、保存していた多くのエピソード記憶の中に埋もれていたある記憶を呼び醒（さま）し、直面する難題と巧みに結びつけることによって、構想力を働かせるのではないか、あるいは新たな悟りのようなものを獲得させるのではないかと考えられています。デフォルト・モード・ネットワークが、意識的にはなし得ない絶妙な作用をもたらすことによって問題解決に貢献するのです。

ひらめきと記憶は深い関係をもち、その成果を得るためには脳の余白、デフォルト・モード・ネットワークを利用する、つまり、ときには脳を休息させ、心をリラックスさせて自由にさまよわせることが重要、かつ必要だということになります。

一口メモ

ひらめきとは過去の記憶の中から直面する問題に対応するものを呼びおこし解答を得ること。

13 経験がものをいう「直感」！

私たちの日常生活や社会生活では、しばしば直感で物事を進めたり、判断したりすることが少なくありません。ではこの直感とは何なのでしょうか。

直感とひらめきとは、よく混同されることが多いのですが、「ｆＭＲＩ（機能的磁気共鳴画像法）」で脳を視覚的に確認すると、直感を働かせる時は大脳基底核という脳の部位が活発化しますが、ひらめきでは、先に触れたように、脳の大脳皮質の後帯状皮質が活発化するそうです。

大脳基底核は、大脳皮質と視床との間にあって、皮質の広い領域から情報を受けて処理します。処理した情報の大部分は視床を介して、前頭葉を中心に大脳皮質に送り返します。線条体、淡蒼球（内・外）、視床下核、黒質（網様・緻密）、という4つの神経核から構成されていて、上肢・下肢の運動調節に主として関与しますが、眼球運動や高次機能、情動などもコントロールしています。

直感を働かせるということは、脳の中枢となる様々な機能を働かせていることを意味しますが、それは直感が経験を基盤に得られるといわれていることと一致します。

直感とひらめきの脳レベルでの違いは、科学的根拠に基づいて明確にされました。しかし、実際は、直感なのか、あるいはひらめきなのか、その区別がつきにくいという現実があります。

例えば、野球の試合や将棋などでは、チームの監督や棋士に、「次の策」や、「次の一手」というのがあるといわれます。それは、その試合や勝負のなかで、直感的に「勘」を働かせて、勝つために打つ手ですが、それがピタリと当てはまって、その試合や、その勝負

大脳基底核・前頭断面図

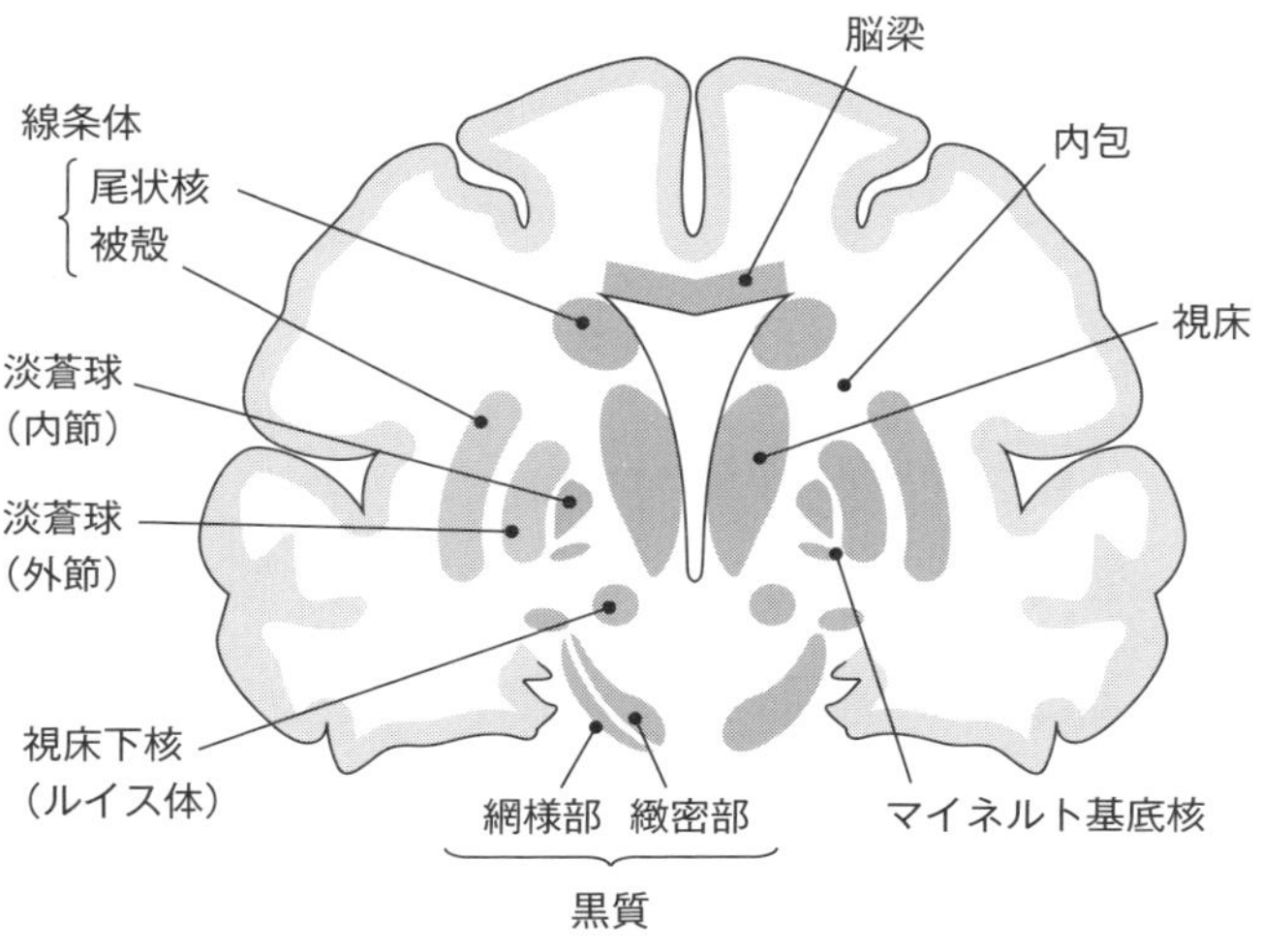
脳梁
線条体
尾状核
被殻
内包
視床
淡蒼球（内節）
淡蒼球（外節）
視床下核（ルイス体）
網様部
緻密部
黒質
マイネルト基底核

に勝つことがあります。

しかし、これらは、本当に直感なのでしょうか。一見、直感的に勘に頼っているようですが、直感する監督にしても、棋士にしても、それまでの経験と実績、勘を働かせるためのデータなどの蓄積を持っていることを考えると、直感というよりも、「ひらめき」とも考えられるのです。

一般的に、直感は経験に基づくもので説明がつかないが、ひらめきはそこに至った過程から説明がつくものといわれています。

先ほどの監督と棋士の例でいうと、「次の策」も、「次の一手」も、経験からきたものといえると同時に、過程から説明がつくものです。

すなわち、どちらにおいても、過去の実績から、無意識に多くのデータや棋譜を記憶していたことがひらめきとして発露、あるいは、過去の経験則から判断し、直感が働いたものと考えることができます。監督、棋士の脳は、大脳皮質の後帯状皮質か、または基底核、どちらが活発化したかが興味深いところです。

14 忘れる記憶って、何？

「記憶の忘却は本当にあるのだろうか？」という議論が、現在も続けられています。忘れることが、「脳から記憶そのものが消去されてしまうのか」、あるいは「脳の記憶は無意識のなかに存在していて、想起（再生）する能力を失っているだけなのか」、という論争です。

この論争について、1960年代後半と1996年に、一般人と心理学関係者にアンケート調査をした記録があります。

それによると、1960年代では、「記憶は心に永遠に保存され、催眠術や特別な方法で回復が可能である」という意見が多数でした。ところが、1996年になると、「記憶は心から永久に失われ、催眠術や特別な方法の助けを借りても回復しない」という意見が多数になりました。

1960年代の人々は、心のどこかに記憶が残っていると考えていたようですが、30年後の人々は、記憶は消去されるものであると考えるようになったというわけです。

現代の脳科学者の多くは、記憶は脳から消去されるものとして、忘却を認めるようになっています。それは、脳で記録したニューロンやシナプスの変化が時間とともに消去するかしないかについて、生物学的研究や動物実験をしたところ、数時間後、あるいは何日か後には忘却により、情報の一部欠損が実際に起こって、脳のシナプスの変化が後退していることを確認したからです。

ところが、脳科学者のなかには、あるでき事の陳述記憶が徐々に消失するといっても、そのでき事の痕跡が脳内に残っていて、今は忘れていても、無意識の記

記憶は時間の経過とともに変化する

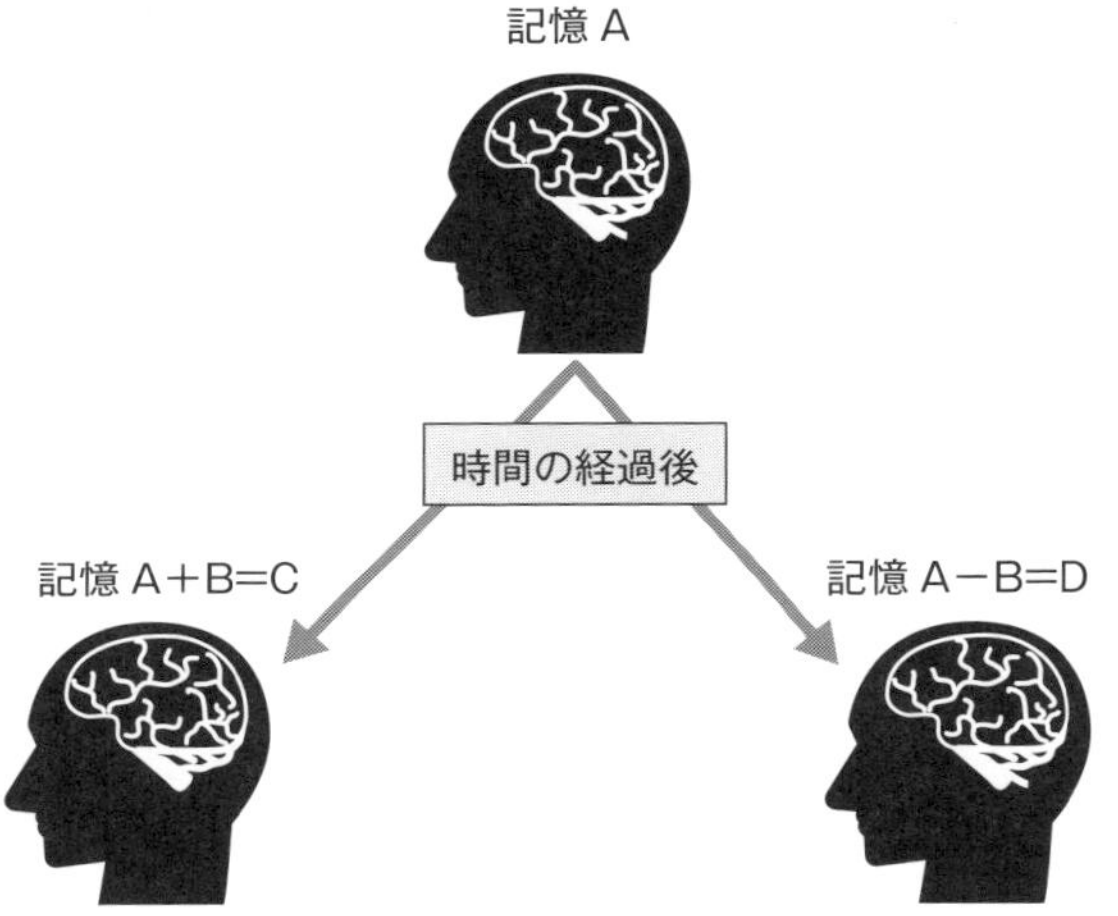

記憶は時間の経過とともに、記憶 A は修飾や編集で B が加えられて記憶 C になったり、記憶 A から記憶の削除や、記憶が忘れ去られたりして、記憶 D になったりする

憶や、非陳述記憶として残存しているかもしれないと主張する学者もいます。

この論争の決着には、まだまだ時間がかかりそうです。

ところで、記憶をどのようにして忘れるのかというと、新しい情報がそれまで記憶していたものを絶えず変えていくという方法によるといわれています。古いものが新しいものによって上書きされ、時間の経過とともに、記憶の内容が書き換えられていくというのです。それは、記憶が消去されることであるのですが、記憶としては忘れる記憶になってしまいます。

カリフォルニア大学医学部、ラリー・R・スクワイア教授は、「記憶には短期記憶と長期記憶があって、それを分別しているのは海馬です。短期記憶は時間とともに忘れる記憶ですが、短期記憶から長期記憶への変換は学習を繰り返して、段階的に増やすこと」といいます。

すなわち、忘れる記憶があることで、重要な記憶を長期化し、さらに長期記憶となる記憶も主要な点だけを覚えて、余計なことは記憶から消しているということです。

また、忘れる記憶の作成は、私たち自身が記憶をする時にも行われています。

例えば、ヒトはあるでき事を記憶として保存する時、忠実に保存しているかというと、必ずしもそうではなく、記憶する時に様々な修飾や削除、別の部分の織り込みなどをして意味が通るように情報を再構成しようとします。この作業は記憶を編集することなのですが、同時に、記憶から忘れる記憶を生み出していることを意味します。

それは、私たちがある刺激に遭遇したことについて、記憶は文字通りの記録を保持するのではなく、その記憶の意味を引き出すために働き、そして、後に記憶を想起しやすくするためにも働いているからです。忘れる記憶があることで、忘れない記憶を生かしているといえるようです。

ただし、塚原仲晃博士によると、一度記憶したことは、記憶した痕跡として残っているのかもしれないと言います。このことについて、次の項で説明します。

「忘れてしまう」ということはヒトの記憶の中から消去されしまうのか？　それとも記憶はどこかにはあるのだが思いだせないだけなのか？　難しい問題だね

15 忘却は、記憶を無意識のなかに保存する

ヒトには、思い出したくない記憶や、忘れてしまいたい記憶があるものです。そのような記憶ほど、なかなか記憶から消去されないものです。記憶は基本的に、記憶できるすべてのことを覚えようするために、印象に残る記憶ほど、長期的に記憶されてしまいます。そのために、忘れたい記憶ほど、記憶に残ってしまうことが多いのです。

それでも、記憶は覚えるときに、記憶の忘却をして、成功したことや良いところだけを残します。また、失敗した記憶を残すのは、その失敗を再び繰り返さないよう役立てることにあります。

記憶が無いという現象は、時間経過と相関性をもちます。何かを意識的に覚えても20分間で約40％が記憶から消えていき、数時間から1日経つと3分2近くを忘れ、1週間で約80％前後を忘れてしまいます。忘却カーブ（忘却曲線）というものがあって、この現象はどの年代にもかかわらず共通の兆候であるといわれています。

記憶は長い時間が経過することで忘れてしまうのが一般的ですが、それはその記憶を一度も呼び出さなかった場合です。人生で一番最初の思い出は何才の頃のものかと問われると、大半は3～4才だと答えるというそうです。では、それ以前の体験は私達の記憶から完全に消去されてしまっているのだろうかという疑問がわきます。この疑問に答えるため、カナダ・トロントの研究機関「SickKids Research Institute」とトロント大学の協同チームが、光遺伝学（この本の後の方で説明）を使って実験しました。

研究チームは、まず、赤ちゃんマウスと大人のマウスに電気ショックで恐怖体験をさせました。翌日に、

時間経過による記憶の忘却

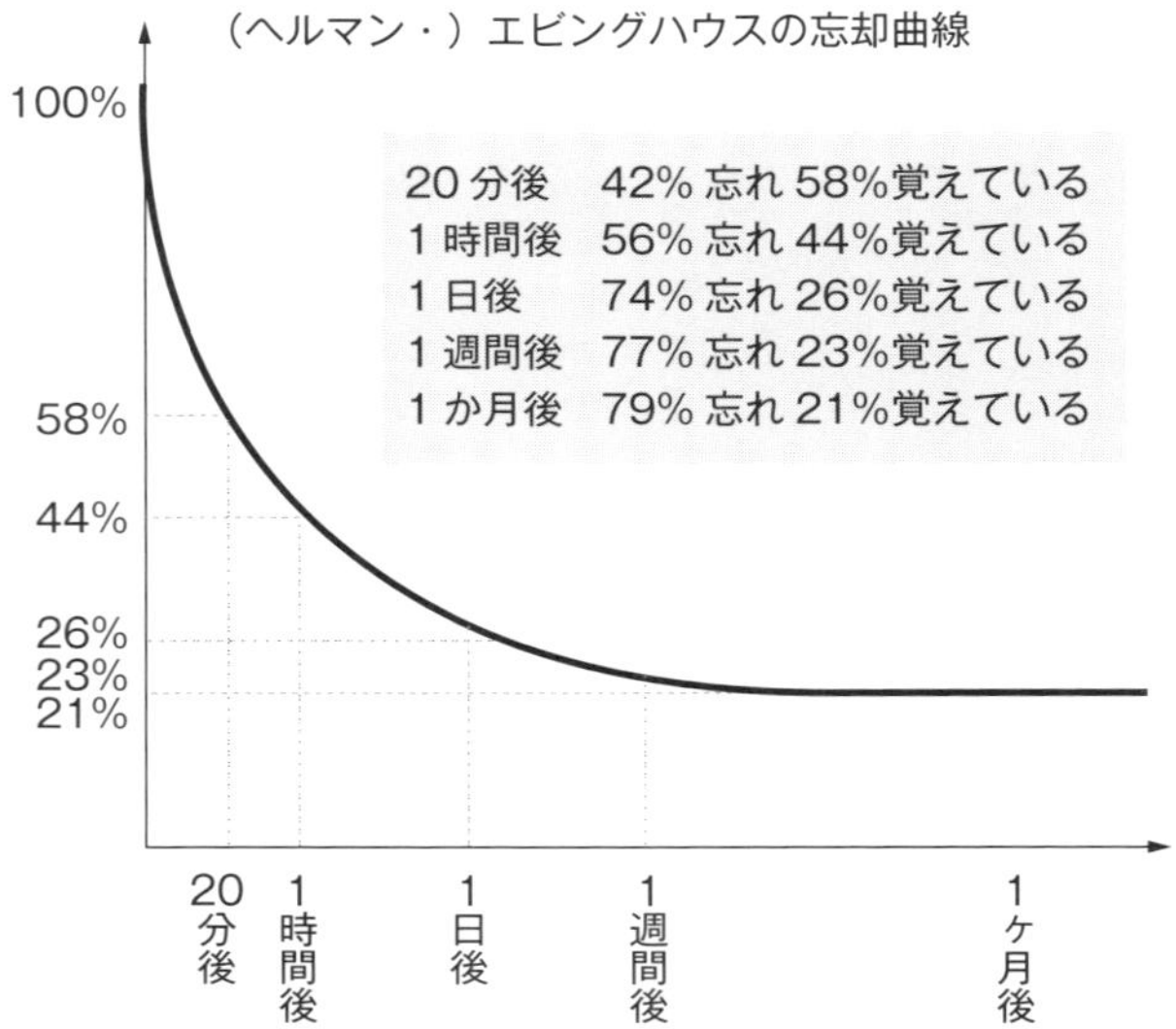

再び電気ショックを与えられたボックスに入れると、大人のマウスは電気ショックを受けるのではないかと身がまえ、ボックスの中で固まってしまいましたが、赤ちゃんマウスはすでに恐怖体験を忘れているようで、普段と変わらない動きをしていました。

この恐怖体験を、赤ちゃんマウスはきれいさっぱり忘れ去ってしまっているのだろうかと、光遺伝学手法で海馬歯状回をレーザー光で刺激しました。すると、赤ちゃんマウスは忘れていた恐怖体験を思い出し、恐怖で固まってしまったのです。

さらに、最初の恐怖体験後、15日、30日、90日の後に歯状回にレーザー光を当てるたびに恐怖を示しました。

つまり幼児期の体験は、普通の状態では思い出すのがきわめて難しいものの、どこかに記憶として保存されていることが判明したのです。

本人の知識や過去の経験は、忘却したと思っていても、無意識のなかに記憶されて残っていることが多くあります。その忘却したと思われる記憶は、何らかの関連づけがなされることで、無意識のなかから突然意識化されたりします。すると、その記憶は再び記憶として残ることになります。忘却したと思っている記憶は、無意識な記憶として一定期間残ってはいますが、長い間呼び起こされることがないと、記憶から消去され、忘れる記憶になってしまうのです。

16 記憶もストレスに曝されている

ヒトはストレスを感じると、自ずとコーピングによってストレスに対処し、心理面、身体面、行動面でのストレス反応を適切に処理します。コーピングとは、ストレス要因に働きかけをして、ストレスの除去や緩和することをいいます。

ところで、意外なことに記憶もストレスに曝されているのです。

ストレスが一過性のものであるならば、ヒトの心理面、身体面、行動面でのダメージも少ないことになります。しかし、日常生活や社会生活は継続するものであり、ストレスは常時ついてまわります。

そこで、海馬は新たなストレスに対して、注意や回避を促しますが、同時に、海馬はストレスに対して慣れるように記憶に作用します。海馬がストレスに「慣れる」ことによって、ストレスでないと記憶させるのです。すると、記憶はストレスをストレスでないと感じるようになります。つまり、海馬は、ストレス解消のためにも働いているのです。

これについては、心理学者ヘンケが、「ネズミにおいて海馬を麻痺させたところ、新しい環境に順応できずストレスを感じ続けることを見つけた。逆に海馬を刺激するとストレスが減少した」として確認しました（「脳は何かと言い訳する」東京大学大学院薬学系研究科池谷裕二博士）。

海馬は、記憶の中枢として働いているだけでなく、ストレスに対しても機能し、働いています。また、海馬はストレスに慣れるという記憶をさせることでストレスの回避もしていますが、先に触れたように、海馬は過度のストレスには脆弱であることから、もの忘れなどを起こすことも否めないようです。

脳の記憶に関係する場所

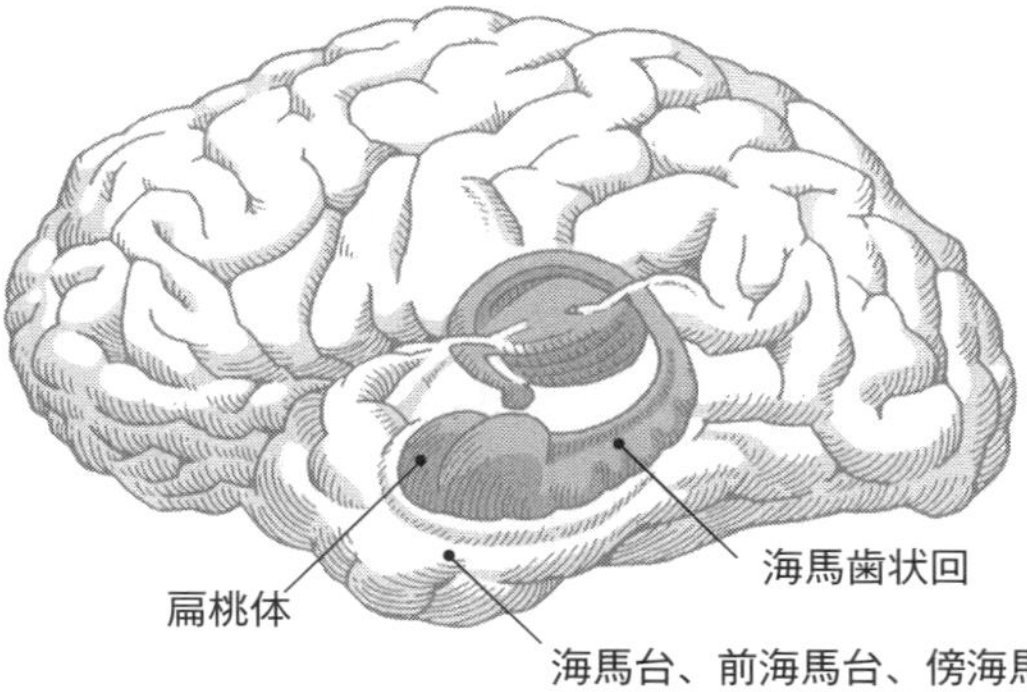

扁桃体と海馬の機能

教官室で先生に怒られると、
扁桃体により先生の声を聞いただけで緊張し、
海馬では教官室に入るだけで緊張するという。

ヒトには怒りや恐れを動機とする情動行動があります。脳の扁桃体で怒りや恐れという情動が作られ、その情報が視床下部に伝えられます。視床下部は攻撃行動や逃避行動を起こさせます。怒り反応や恐怖反応、逃避反応の記憶は扁桃体が担っているのです。

これらの情動行動はストレスを原因として誘発することもあります。すなわち、欲求不満が嵩じてストレスとなり、攻撃行動にいたるというものです。

ヒトの怒りや恐れの反応ですが、一つは海馬での処理、もう一つは扁桃体での処理が行われます。そして、この海馬と扁桃体の処理には違いがあります。

前出の池谷博士は、「教官室で先生に怒られたとします。その後、遠くのほうで先生の声が聞こえただけで緊張するというのは『扁桃体』が、また教官室に入っただけで先生がいなくても緊張するというのは『海馬』が関係している」といいます。

海馬はもちろん記憶に基づいて怒りや恐れの対象に反応しますが、それは現実に直面しての反応です。ところが、扁桃体は現実に直面する以前に、怒りや恐れなどを起こす兆候に対して反応し、攻撃行動あるいは回避行動をとります。それらは、ヒトの進化の過程で、危険に対して生命を維持するために培われたものです。

つまり、扁桃体は情動を司る中枢ですが、事前に起きそうなことへの危険回避の役割も担っているのです。

現代人はストレスにさらされることが多いが、記憶は、「慣れる」ということを使って、それがストレスでないと記憶させるんだね

17 恋は、記憶力を増す？

恋や恋愛に関して、脳はどのような状態にあるのでしょうか。最近、「恋」や「恋愛」は、脳を活性化し、そして記憶の増強をもたらしていることを示唆する大変興味深い実験結果が出ています。

米国のカリフォルニア大学サンタバーバラ校の心理学者グラフトン博士らが「恋と記憶」の関係についての実験を行いました。

実験内容は、20歳前後の女性35名の被験者が、画面に表示された単語を英語かどうか見分けるというものでした。単語の表示時間は1000分の26秒という速さのため、一瞬にして見分ける必要がありましたが、被験者にはほとんど不可能でした。

単語の表示は合図によって知らせ、表示されたらできるだけ速くその単語が英語かどうかを判断してもらい、できるだけ早くボタンを押して回答してもらいました。しかし、その正答率は低く、見極めができないようでした。

ところが、この実験には被験者に知らせなかった別の意図が仕込まれていました。

別の意図とは、単語を表示する直前の0・15秒前に、被験者の女性が恋している男性の名前や、友人の名前を1000分の26秒という一瞬だけ表示して見せていたのです。

被験者の女性たちは、恋人の名前が表示されたことにまったく気づいていません。それにもかかわらず、恋人の名前が出た画面の表示の単語の判断では、0・03秒速くボタンを押したという実験結果が出ました。しかし、友人の名前が出た画面の表示の単語の判断では、単語だけの時と変わりませんでした。

グラントン博士らのこの実験結果から、反応速度の上昇は、脳の活性化をもたらしたと同時に、記憶においても、恋をしている時には、関連する単語への反応が速くなっていることがわかったといいます。

また、この実験では、恋人の名前が画面に表示されると、サブリミナル効果なのか、記憶を司る脳の海馬

恋や恋愛をすると記憶力が高まる？

傍回の「紡錘状回《ぼうすいじょうかい》」と、脳の頭頂葉の外側側面にある脳回の言語野の「角回」、行動への始発や目標に向かうなどの動機づけに関わる脳深部が活性化したということです。

海馬傍回の紡錘状回は、色情報の処理、顔と体の認知などの機能も持ち、角回は言語や認知などに関連する多くの処理を行なっている脳の部位です。

すなわち、この実験から、「恋」や「恋愛」が、意識する以前に脳の単語を認識する言語野や、顔と体の認知する紡錘状回とともに記憶の増強作用が働いていることが推察されたといいます。同時に、「恋」や「恋愛」をすることにより、思考や理性では説明しきれない脳の機能がたくさん働いているのではないかというのです。

19世紀のイギリスの作家S・スマイルズは、「恋愛は人情の永久的な音楽であり、青年には希望を、老年には後光を与える」といいましたが、恋や恋愛をすることは、年齢を問わず、脳と記憶を活性化するためにも、良いことだと述べています。

Column

宝物の「トレジャーDNA」

身体にある約60兆個と言われる細胞のそれぞれは、その中に遺伝子として働くDNAのほかに膨大な数のDNAを持っています。というより、逆に、全DNAのうちわずか3%が遺伝子の中にあって、遺伝子として働いているにすぎないと言われています。ですから、そのほかの約97%のDNAは「ゴミDNA」と呼ばれています。

でも、近年の科学の進歩によって、これらの膨大なDNAは、実は大変な宝物であって、とても大事な働きをしていることが分かってきたそうです（NHKスペシャル「人体Ⅱ遺伝子　第1集あなたの中の宝物“トレジャーDNA”」2019年5月5日放送）。そのため、ゴミどころか、「トレジャーDNA」と呼ばれるようになったそうです。

例えば、これらの、遺伝子外にあるDNAは、遺伝子の働きに影響を与えて、遺伝子が設計図に基づいて作る蛋白質の質や量に変化をもたらし、つまり、遺伝子をコントロールして、体の各部の構造を、個々の人に特有なものに変えてしまうのだそうです。こうして、ある人のごくわずかのDNAが得られれば、その人の顔貌を知ることができるそうです。したがって、トレジャーDNAは、個々の人の特有な姿形（背が高い、低い）、性格（楽観的、神経質）、才能（頭の良し悪し）、寿命（病気になるかならないか）などを決めるという役割を果たしていることになるのだそうです。もの覚えが良い、悪い、にも関係しているかもしれないDNA群です。今後の研究の発展が楽しみな領域です。

第3章

今と未来の行動につながる過去の記憶

18 なんで、想い出はみな美しいのだろう

ヒトは、成功したことの記憶や、良いことがあった記憶だけを残そうとします。失敗したことや、思い出したくない記憶をできるだけ取り除きたいという心理が働くためです。また、新しく記憶すべきことを入力するときや、思い出した記憶を再び記憶として入力するときに、私たちは記憶として残しておきたい記憶を美化し、記憶として保持しようと編集します。そのため想い出の記憶はみな美しいものとなるわけです。

一方、私たちの脳や体は時の経過とともに変化しますが、保持している記憶も同様に変化していきます。

①記憶は、気づかないうちに、時の経過とともに、内容が変わってしまう

②記憶は、断片だけでなく、物語化され、編集されて記憶される

このように、私たちの記憶は時の経過とともに変化し、再入力時の編集により、いつの間にか変化しているのです。

第1章で述べたように、記憶は、ニューロンやシナプスなどに保持されているので、言い換えると、脳全体で記憶が保持されています。しかし、その記憶は、10年後には異なってしまいます。時の経過とともに、脳や体全体が変わってしまうことや、また、関連する新たな記憶によって上書きされるからです。

ヒトの体は10年経過すると様々に変化しますが、脳も変化します。変化した脳に合わせて記憶も保持されるのです。また、変わっていく脳に合わない記憶は消去されてしまいます。それは記憶が改竄《かいざん》されるということではなく、本人が気づかないうちに、記憶の内容が変化してしまうのです。

私たちは、時間の経過とともに、嫌なことや、不必

要な記憶をいつまでも覚えていたいとは思わず、記憶から消去したいと考えます。記憶を想い出して、記憶に残したくないことは消去し、残しておきたい記憶を新たな記憶として保持します。そのため想い出した以前の記憶とは、まったく変わってしまうのです。

　すなわち、脳や体が変わるときに、記憶も美しく変わり、さらに、新しく記憶されるときに、変容したり、再構成されて、想い出となる美しい記憶として残るようになります。

　私たちは、記憶をする時に、そのでき事だけや、その刺激だけで保存しようとすると忘れやすいために、できるだけ関連することと共に記憶しようとします。

　学習などで記憶しようとするときに、様々な工夫をして記憶することはよく見られますが、それらは記憶を編集するということです。

　記憶を編集する上で、覚えやすく、また容易に記憶を再生させるためには、ストーリー性をもたせることが最も効果的です。物語化すると、記憶として覚えやすく、その物語に関連する機会や、連想することも増え、思い出す頻度も高くなります。思い出す頻度が高くなるほど、記憶は長く残る可能性が高くなります。

記憶は美しいものへと編集される？

一口メモ

記憶はいつのまにか物語化され、編集され、時の経過とともに内容が変わる。

19 子ども時代の記憶ほど忘れない！

私たちは年齢を重ねるとともに、想い出などの多くの記憶を抱えています。それらの記憶のなかで、最も多くの記憶が残っているのはいつ頃のことでしょうか？

年齢層を問わず、ほとんどの方は子ども時代、それも3～4才以降の記憶が多いと答えるのではないでしょうか。それ以前については「幼児期健忘症」といって忘れ去っていることが多いのです。この幼児期の記憶については第2章で述べました。

子どもは感受性が強いことから、3～4才以降の子どものときに覚えた記憶は鮮明な記憶として固定化されやすく、長期記憶として保持される傾向が強いため、子ども時代の記憶ほどたくさん残るのではないかといわれています。

また、子ども時代の記憶ほど多く残る理由は、子供の脳の可塑性が大きいことがあると考えられています。

脳の神経回路に可塑性があるということは、ニューロンの活動に依存して、神経回路の性質が柔軟性や融通性をもって変化しうることです。ヒトの脳は、様々な刺激を受け、また経験をすることによって発達しますが、神経回路はその可塑性によってこれらの刺激に対して柔軟に対応し、その機能をより拡大しています。

記憶においても同様に、神経回路の可塑性が働くことによって、脳の発達過程で記憶したことが多く保持されることになります。

例えば、学習するということは、神経系が経験によって変化する過程のことをいいますが、記憶機能もその変化に従って柔軟に対応し、多くの記憶を保持し、貯蔵します。それは、記憶機能も可塑性を持つことを意味します。

子ども時代の脳は発達過程にあるために、成人後の完成した脳に比較すると、脳や記憶機能の可塑性が著しく大きいのです。そのため、多くのでき事を記憶に残すことになります。これに反して、子ども時代以上に多くのでき事を経験してきた老年世代では、脳の可塑性が子どもほど強くないため、たとえ多くのことを覚えても、似通ったものなどはすぐに忘却し、記憶の固定化が少なくなるというわけです。

このように、脳の可塑性によって、子ども時代の記憶ほど多く残ることになるのです。

子ども時代は、新しいことを学び、遊びに夢中になり、自由気ままに過ごしますが、初めて経験するでき事や学習することが多く、それらからは、子どもの強い感受性によって、強烈な印象を受けます。そのため、多くのでき事が記憶として残りやすく、しかも受けた印象が強いほど記憶に長く残ります。

このように、子ども時代は多くの学習や体験をして、その記憶は、記憶痕跡という形で痕跡を脳内に残していきます。

私たちの記憶は初めは不安定ですが、記憶の固定化という過程を経て、より長期的な記憶に変化していきます。記憶が長期的に保存されるには、でき事を覚えるときに活動した特定のニューロン群が不可欠と考えられていて、これが記憶痕跡（エングラム）と呼ばれています。子ども時代には多分野で学習する機会が多いことから、この記憶痕跡も多くなります。

一方、成人した後の社会生活や日常生活でも私たちは多くの新しいでき事に遭遇しますが、過去の経験や記憶していたことなどと照合するため、子ども時代ほど、でき事から強烈な印象を受けることが少なくなります。したがって記憶となりにくく、大人になって残る記憶痕跡はそれだけ少なくなるというわけです。

子どもが強烈な印象を受けた場合、それは何らかの感情あるいは情動を伴うことが多いといえます。愛、憎しみ、恐怖、怒り、喜び、悲しみ、などの感情を情動といいます。この感情や情動は、脳内の扁桃体がつくります。

扁桃体は海馬とともに大脳辺縁系と呼ばれる部位にあります。脳幹部にあるドーパミン・ニューロンやセ

子ども時代の記憶ほど多く残る

ロトニン・ニューロンが神経線維をここに送り、それぞれドーパミンやセロトニンを分泌しています。例えば、恐怖の対象があるとき、扁桃体が興奮して恐れの感情を作り、逃避行動を起こさせますが、この時ドーパミンが分泌されています。同時に、扁桃体の暴走を抑えるためにセロトニンの分泌も起こっています。

印象が強烈で、鮮明な刺激を伴うでき事があると、扁桃体の興奮が起きて感情が高まるなどしますが、そのようなでき事は記憶に残る可能性が高くなることを私たちは経験しています。これは、扁桃体の場所が海馬に近いため、何らかの神経連絡を通して、強い感情を伴うでき事として覚えられやすいからと考えられています。

このように、老年世代に比較して、子ども時代の記憶が多く残るというのは、強烈な印象を受けて、怒ったり、喜んだり、そして悲しんだりするような刺激が多いことが関係しているためと考えられています。

20 記憶は、すり替わる

ヒトの記憶は、正確に保持されているものと思われがちですが、実は脳の中に貯蔵されている情報は曖昧で、少々いい加減な方法で蓄えられているといわれます。その理由は、記憶の保持中に再構築されたり、想起時に変容されたりするからです。つまり、記憶が上書きされたり、記憶の想起を通じて内容の組み替えなどが行われるということです。それらには、無意識の力も働いていると考えられています。

無意識とは、何でしょう。ヒトの意識の中に無意識があると最初に唱えたのは、オーストリアの精神科医・精神分析学者のジークムント・フロイトです。フロイトは抑圧理論を提唱し、ヒトは感情や欲望を無意識領域に押さえこみ、精神の防衛機制が働くとしました。

抑圧は記憶に対しても起きることで、保持されている記憶はその抑圧から逃れるために、忘却や変容されたり、あるいは、神経症（パニック障害やＰＴＳＤ）の原因になるとされました。すなわち、記憶は保持されているうちに再構築されたり、上書きがなされるなどして変容するということです。

これに大きく関係しているのがプライミングという現象です。これは、以前に経験したことが無意識に将来の認知や行動に、影響をおよぼす現象のことといわれています。さらに言うと、先に与えられた刺激（プライマーと言う）によって、後の刺激（ターゲットと言う）の処理の仕方に無意識に影響が出る現象です。

具体的には、例えば、連想ゲームをする前に、あらかじめ果物の話をしておくと、赤という言葉から「りんご」や「いちご」が連想されやすくなるなどです。このように、プライミング効果によって、赤という記憶が、りんごやいちごという別の記憶になるのです。

また、白黒の碁石の話をしておくと、次の知っている動物としての質問にシマウマやパンダを答える確率が高くなります。

こうした効果が生じるのは、単語や概念が互いにネットワークを形成しているためだと考えられていますが、このような陳述記憶のことだけではなく、知覚レベルや意味レベルでもプライミングが機能していることが考えられます。

すなわち、プライミングは無意識のなかで起きる記憶で、記憶していたことがさらなる促進や抑制、処理が行われます。そこでは記憶の上書きや、再生（想起）時に変容したり、記憶の消去が起きたりすることも考えられ、記憶がすり替わってしまうということがあり得るとも考えられます。

記憶がすり替わることについて、養老孟司東京大学名誉教授は、「ヒトは記憶のすり替えをして新しい記憶を持つことによって、自分を変えていく」と語っていますが、これには、プライミングが関わっているのかもしれません。

記憶は自発的に無意識によるプライミングを行い、新しい自分をつくったり、環境などに対応しているといえそうです。

プライミング効果

21 思い込みや先入観は、なぜ起きる？

私たちの脳は、日々の暮らしの中で、言動をはじめ情報などをつぎつぎと素早く処理しています。そのため、ある刺激に対して既知のことと思ってしまうことや、何の疑いもなく行動することがあります。そして、それらが思い込みとなって、または先入観として、失敗してしまうことが度々起こってしまいます。

では、この思い込みや先入観は、なぜ起きるのでしょうか。

私たちの普段の生活では、日常で繰り返すことや、一目見て判断することで、言動がスムーズにいくことがあたりまえになっていますが、そこには先に触れたワーキングメモリーという記憶が活動しています。もし、日常生活の普段の言動について、いちいち、疑問を持ち、これは何のためのものなのかとか、これは何に役立つのだろうという意味を問い続けていては、多くの時間を要してしまい、他の重要なことが何もできなくなってしまいます。

私たちは、日々の暮らしのなかで習慣づけられたことなどは、迅速に情報処理をすることを基本にし、脳は、言動に関する記憶は習慣学習としてパターンとして符号化し、思考を簡略化することで、スムーズにこなしているといわれています。

ところが、このパターン的に符号化した記憶は、日常的なものに習慣化してしまうことや、あるいはマンネリ化されやすいことも事実で、そこに思い込みや先入観も少なからず入りこんでくることがあります。

それについて、ウィスコンシン大学のニッケ博士が味覚の実験を行い、ヒトの脳が先入観や思い込みに陥りやすいことを検証しました。

ニッケ博士の実験では、43人の被験者に、甘さのある「ブドウ糖」と、苦みを持つ「キニーネ（薬剤）」を味わってもらいました。その時、被験者の味覚情報を処理する大脳皮質にある「第一次味覚野」をモニターし、味について不快か、快感であったかを質問したのです。ただし、この実験時に、ニッケ博士は、ブドウ糖と苦みを持つキニーネ（薬剤）の味について、あらかじめ「少し不快」や「かなり不快」なことを被験者に伝え、同時にその伝えた情報のなかには偽情報も入れておきました。

するど、かなり苦いキニーネにもかかわらず、事前には「少し不快」と伝えていたことから、被験者はその味の苦さについて「少し苦い」という回答をしただけでなく、脳の第一次味覚野も「弱い反応」を示しました。ブドウ糖の甘さについても、ほぼ同様の結果となりました。また、逆に「かなり不快」な味と伝えて、実際にかなり苦いキニーネを与えると、脳の第一次味覚野の活動は活性化し、被験者の評価もかなり苦いという回答でした。

先入観は思い込みを招きやすい

あの子は仕事ができて
すごいなー、
それに比べて私は。
どうせ私には
満足な仕事なんて…

ニッケ博士の実験から、ヒトは伝えられた情報により思い込みや、先入観に惑わされてしまうことがあり、正当な評価を行えないことがわかりました。すなわち、ある情報に基づいて、その情報が記憶されると、その情報を基準にして思い込みや、先入観を持ってしまいがちになるということです。それは、外部情報に操られることも多いということになりかねないという事実を示しています。

特に、現代は情報が氾濫し、あるいは情報過多となっている時代状況にあります。ある情報を鵜呑みにして記憶をすると、その情報が思い込みや先入観となって、振り回されてしまう可能性があるということです。

22 悩みや不安は、記憶が未来を予測することから生まれる

ヒトの心には悩みや不安がつきものです。不安は恐れなどと同様に情動を担う脳の扁桃体から生まれますが、悩みは主に未来に対する予測をすることから生まれると、東京大学大学院薬学系研究科の池谷裕二博士はいいます。

「悩みは未来予測することから生まれ、未来予測は経験に基づいて計算され、それには二つの要素、『過去の記憶』と『未来の想像』が必要で、これよって、未来の計画が立てられる」といいます。さらに、「記憶は未来の自分のために蓄えるもので、悩まない人は『記憶力が低下』する」ともいいます。

未来を想像できるのは、過去の記憶があるからで、記憶は未来のために蓄積され、また、不安や悩むことは脳を刺激して記憶力も増すことにつながるというわけです。脳を活性化するために、悩みや不安を抱えることは、あながち悪いことではないともいえましょうか。

池谷博士はさらに言います。脳の前頭連合野には、言語の領野や概念の形成、判断、推理などを行う機能があり、それにより私たちは思考をしています。この部位では悩みのもとになる未来を予測する思考の計画が立てられ、未来を想像するなどをしています。そのため、未来への思考や計画について、「成功するだろうか」、「うまくいくだろうか」、あるいは「失敗してしまうのではないだろうか」という悩みや不安が生まれてくるのです。すなわち、過去の記憶を用い、あるいはそれらを基準にして未来を予測し、成功することを望むわけですが、この時にどのような方法が適切かについて悩むというわけです。

しかし、悩むことは脳と記憶の活動を活発化させる

ヘビを恐れなくなるサル

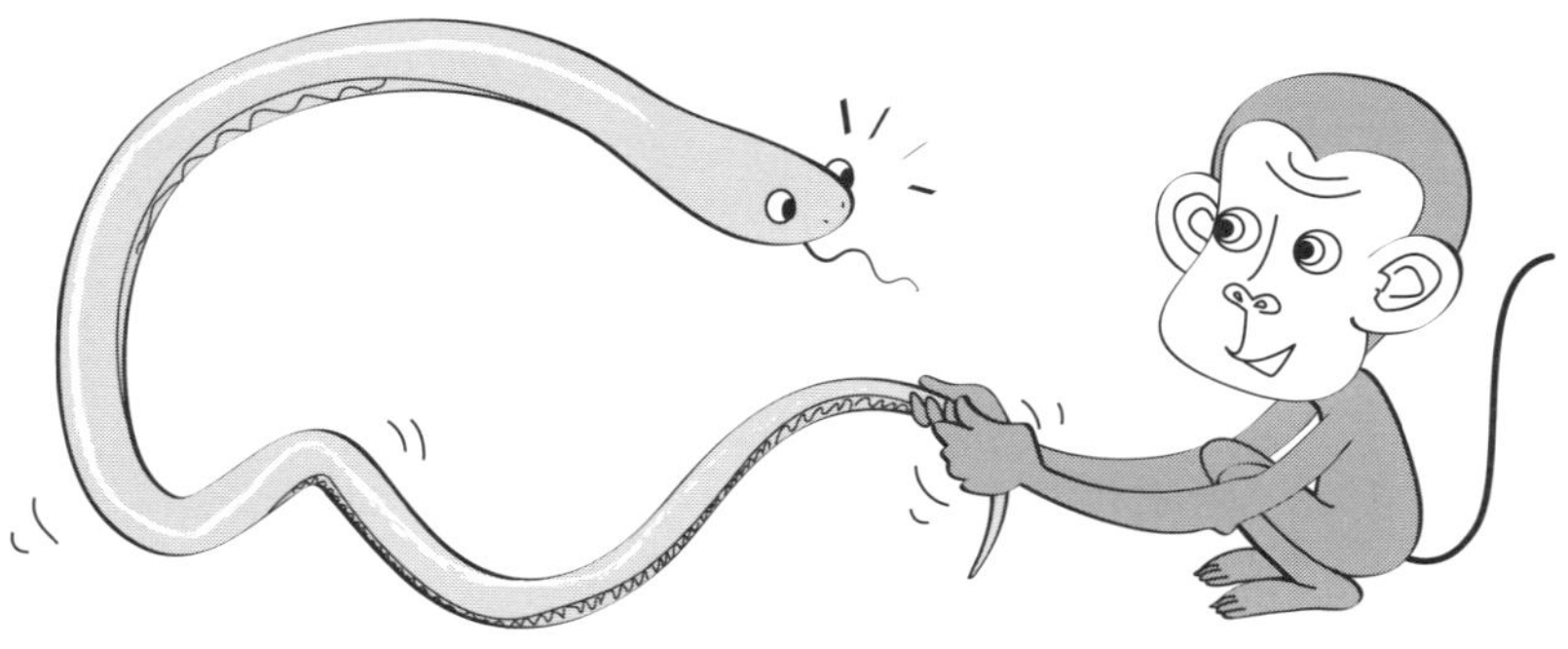

と同時に、悩んだことを未来のための記憶として増し、記憶力も強めることになると考えられています。すなわち、悩むことは自分の未来をより拡大することにもなるわけです。たとえ、悩んだ末に実行した計画が失敗に終わったとしても、「やるだけはやった」という、目標設定に対する満足感が得られることになります。

また、悩んだことは記憶として残り、未来に向けての貴重な経験として記憶され、別の計画の選択肢の基盤にもなり得るのです。

不安や恐れという情動をつくるのは扁桃体という脳の部位ですが、これが破壊されると、恐れるという反応がなくなり、自律機能反応や内分泌反応も起きなくなります。すなわち、恐れるという情動がなくなることを意味します。それは、危険な行動を引き起こす可能性につながってしまいます。

例えば、正常なサルはヘビを恐れますが、扁桃体が壊れたサルはヘビに近づき危険な行動をします。また、群れの最上位にいるサルの扁桃体を破壊すると、順位がいっきに最下位に落ち、順位マナーを知らないために、群れの中ではもはや生き延びることができなくなります。

このような扁桃体の破壊で起こる症状は、クリューバー・ビュシー症候群と呼ばれています。１９３７年にクリューバァー Klüverとビューシー Bücyがサルの両側側頭葉切除を行ない、先に述べた恐れをなくする情動変化が起こることを報告し、クリューバー・ビュシー症候群と呼ばれるようになりました。この実験で切除した範囲は、サルの側頭葉皮質の一部領野や海馬、扁桃核などの扁桃体の大部分でした。つまり、記憶の中枢の海馬が切除されたことによって、過去に経験した恐れなどの記憶も忘れてしまったと考えられています。

不安や恐れという情動は扁桃体がつくりますが、それは視床下部に伝えられ、視床下部が情動行動を惹起します。不安は、恐れとともに、過去の記憶に基づいて自己規制するという意味を持ち、それは危険を回避するということにつながります。池谷博士は、不安や恐れは、「未来の予測」を生み、身の安全のために、リスクを可能な限り回避するための手段となると言います。

また、不安や悩んだりした記憶は未来に役立ち、危険回避の記憶をすることから、何の不安も悩みもみをもたないことに比較し、その有意性において格段の違いがあるということになります。

過去の記憶があるからこそヒトは未来を想像でき、それが扁桃体をして、不安や恐れなどの情動を生みだすんだ

Column

記憶する情報は電気信号になって伝わる

私たちが日常に遭遇したでき事は、海馬が関わって、「エピソード記憶」として覚えます。例えば、お母さんに会った時、お母さんの顔は、光エネルギーとして眼の奥の網膜にある光受容器細胞（視細胞）を刺激して膜電位の減少という電位変化（受容器電位と呼ばれます）を起こし、この電位は次の双極細胞にも電位変化を起こして最終的には神経節細胞に活動電位を発生させます。こうして、お母さんの顔の光エネルギーは、ニューロンの電気信号に変換されて、神経節細胞の軸索突起から成る視神経を伝わります。視神経は視交叉を経ると視索となり、外側膝状体に至りシナプスが変わりますが、電気信号はこれらの経路も伝導されて、新皮質の視覚野に至ります。ここで、視覚野の連合野と情報交換して母親と認知され、同時に、その情報は海馬に送られます。

生体は細胞から構成されていますが、細胞膜の働きによって細胞内外のイオンの組成が異なっています。そのため、受容器細胞内には細胞外に比べて陰性の静止膜電位が発生しています。この状態を分極しているといいます。しかし刺激が来ると、その静止膜電位に変化が起こり、膜電位差が減少します。さらに膜電位差が減少すると脱分極を起こし、もしインパルス（活動電位）が発生すると、この電気信号が神経線維を伝導して脳に達し、情報が伝わることになるのです。

第4章

体で覚えた記憶は忘れない

23 技能や運動のための記憶とは？

ヒトは、でき事や単語の意味など、事実についての記憶と、技能や運動についての記憶を持っています。この章では後者について説明しますが、その前にここで、この2種類の記憶の名称を整理しておきます。これらの記憶が、人によって違った名称を用いて区別されているからです。

前者は、記録のある記憶、顕在（性）記憶、陳述記憶、そしていわゆる学習に関する記憶として、認知性記憶、頭の記憶と呼びます。一方、後者は、記録のない記憶、内（潜）在（性）記憶、非陳述記憶、そして無意識でも身体が反応するような記憶として、運動性記憶、体の記憶、などと呼ばれています。

そこで、この本では特に断らない場合、比較的多用されている陳述記憶と非陳述記憶という用語を用いていくことにします。

これまで説明したように、陳述記憶は事実や考え、でき事に関する記憶で、これらの情報は言葉による表現や視覚イメージとして、意識的に想起したり、回想することができます。これは、私たちが「記憶」という言葉で普通に意味する種類の記憶で、友達の名前だったり、昨年の夏休みのことだったり、昨日の会話だったりと意識できる記憶です。そして大事なことは、この記憶は海馬や内側側頭葉への損傷で障害されるということでした。

ところが、この章でこれから説明する非陳述記憶はこれらの記憶とは違います。この記憶も経験に起因し、行動の変化として現れますが、想起（回想）することができません。そして、無意識的です。非陳述記憶には手続き記憶、プライミング、古典的条件付けなどが区別されます、いずれも無意識に身体が反応します。

頭の記憶と体の記憶

頭の記憶		
・記録のある記憶	・顕在（性）記憶 ・陳述記憶	・エピソード（でき事）や単語の意味など、事実についての記憶 ・学習に関する記憶として、認知性記憶
体の記憶		
・記録のない記憶	・内（潜）在（性）記憶 ・非陳述記憶	・技能や運動についての記憶 ・無意識でも身体が反応するような記憶として、運動性記憶

もちろん、手足に記憶機能があるわけではありませんが、私たちが生まれてから長い時間をかけて訓練してきたことによる成果です。その特徴は、一度記憶として覚えると、簡単に忘れないことです。その例として、自転車の乗り方や泳ぎ方などがあります。そして、そのような技能を実行する能力は、非陳述的なのです。

手続き記憶においては、大脳皮質とその奥にある大脳基底核、そして大脳の尾側の下の方についている小脳が役割を担っています。陳述記憶の中枢である海馬を通さずに記憶します。つまり、陳述記憶が障害される通常の認知症の患者さんも、自転車に乗ることは可能なのです。

一口メモ

体が覚えている記憶は非陳述記憶と呼ばれ、無意識の中にある。

24 随意運動で行う日常の動作

私たちは、日常の動作などで何気なく、しかし意図に基づいて骨格筋の収縮活動を行なっていますが、このような骨格筋の収縮活動を「随意運動」といいます。骨格筋とは、筋肉の中で骨格の可動部分に附着しているものです。この随意運動には、歩く、走る、泳ぐ、話す、などがあって、手足の骨格筋、顔の顔面筋などの収縮活動で起こります。一方、自分の意思に基づかない筋肉の収縮は「不随意運動」といって、自分の意志によらずに手足や顔の筋肉が収縮してしまうものです。この項では、随意運動のメカニズムを説明します。

骨格筋の収縮活動は、姿勢の維持と運動という2つの要素が巧妙にからみ合って調節されています。例えば、手先や足先の運動でも、体幹と腕や足が適当な位置関係にあるときだけ、思い通りの動作をすることができますし、逆に、ある姿勢を維持するためには、この姿勢を乱すようなどのような力も適当な運動によって打ち消される必要があります。そして、運動を姿勢の調節なしに行おうとすることは、姿勢の調節を運動なしに行うことと同様に不可能に近いのです。

この骨格筋の収縮活動は、脊髄と脳幹の運動ニューロンによって支配されています。運動ニューロンは骨格筋に軸索を送っていて、収縮を起こす際には軸索線維の末端からアセチルコリンという化学伝達物質を分泌して刺激します。筋線維はアセチルコリンの受容体をもっているのです。

つまり、運動ニューロンには、意思によって意識的に行う随意運動を起こすための入力だけでなく、姿勢を調節するための入力、各種の筋活動を協調させるための入力の、合わせて3種類の入力が無数の伝導路を通じて入ってきます。これらの入力は、脊髄、脳幹、

大脳皮質（新皮質）中心前回の一次運動野における身体部位の配置

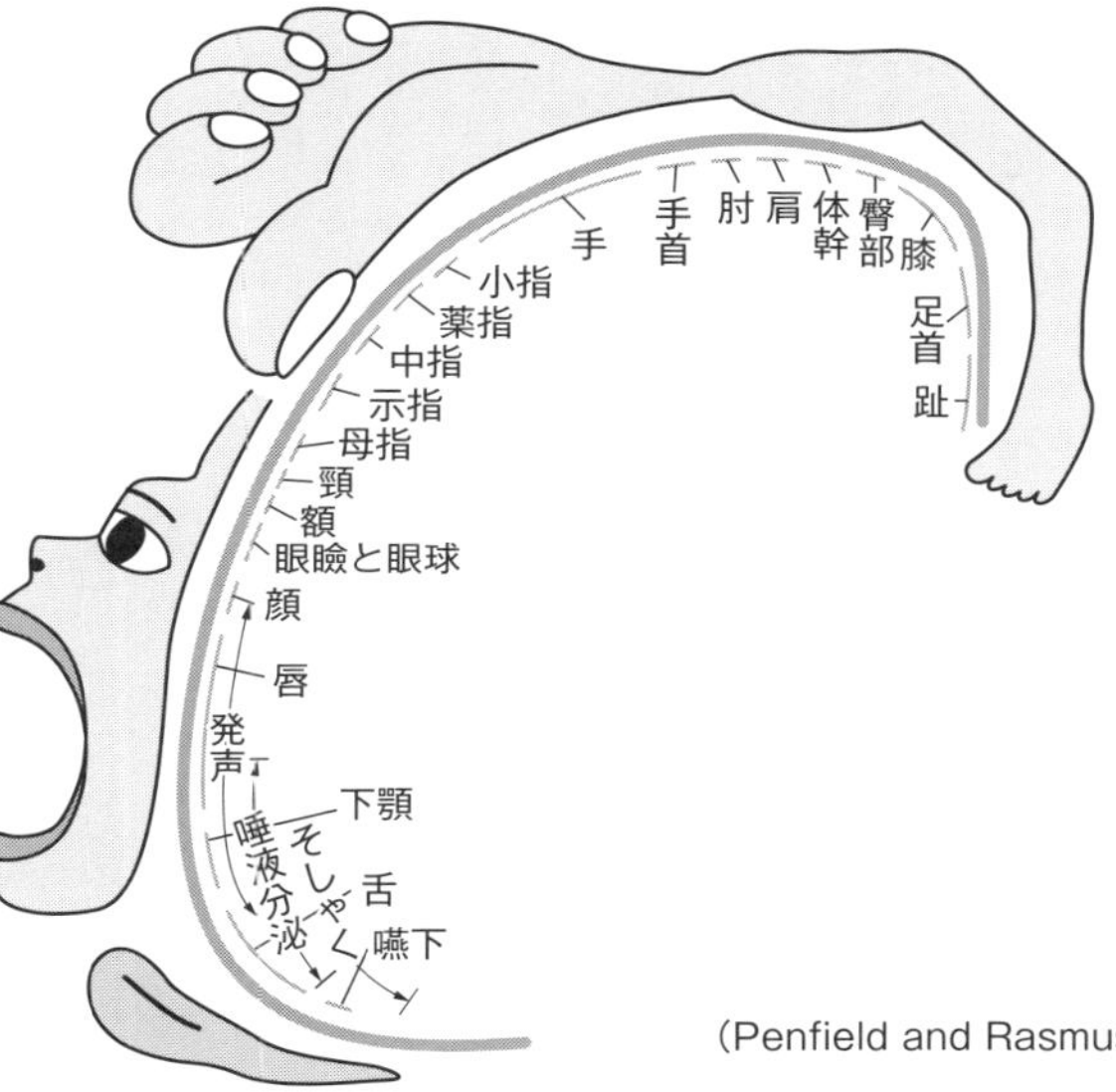

（Penfield and Rasmussen, 1950 より）

小脳と大脳基底核、大脳皮質という中枢神経の４つのレベルから、直接、関接に送りこまれてきます。運動ニューロンがこれらを統合して、筋肉への出力を決めるのです。

大脳の新皮質、特に連合野が作った随意運動の意図は、大脳基底核とともに小脳にも伝えられ、小脳は体の各部の骨格筋の活動を協調させて、運動が円滑に行われるような情報を組み立て、新皮質の運動野に送ります。もう一方の大脳基底核も、必要な運動だけを、必要なタイミングで選択的に起こすような情報を運動野に送ります。小脳と大脳基底核の行うこれらの作業は、運動のプランを立て、プログラムを作ること、と表現されます。新皮質の運動野は、これらの情報をもとに脳幹と脊髄の運動ニューロンに運動指令を出すのです。

上図は、私たちの日常で使う手や指の動作を支えるために、大脳皮質（新皮質）中心前回のなかのニューロン（一次運動野）が体のどの部位に割り当てられているのかを示すもので、カナダの脳外科医ペンフィールドによってつくられたものです。

25 小脳の運動学習機能が役立つスポーツ

私たちがよく経験していることは、例えば、自転車の乗り方を習うときやゴルフやテニスを習うときは、最初はぎこちなく、しかも、そのどの動作も意識して行わなければならないということです。しかし、何度も失敗を繰り返して練習を重ねていくうちに、円滑な動作を意識しなくとも自動的に行えるようになります。これを運動学習といいますが、これには小脳の働きが必要だということがわかっています。

最初のうちは、ある動作と次の動作とのつながりがうまくいかず、個々の動作を意識して行なっていますが、小脳は動作がうまくいっているかどうかを常にチェックし、誤差を修正していきます。練習を繰り返して上達するにつれて誤差が減り、小脳を含む神経回路の中に、一連の動作から成る運動のモデルが形成されます。そして、運動モデルが小脳に記憶されるようになると、新皮質の運動野はこれを駆動するだけで、個々の動作にいちいち指令を出す必要がなくなるのです。

小脳のこの記憶には、小脳の抑制性シナプスで起こる情報伝達効率の変化、つまり、シナプス可塑性が重要であることが明らかにされています。小脳は小脳皮質と小脳核からなりますが、小脳皮質から出力する主要なニューロンとしてプルキンエ細胞があります。この細胞は2つのまったく違う情報を受け取ります。一つは平行線維とのシナプスを経てくる運動を起こすために必要な外界や体などについての情報で、もう一つは登上線維とのシナプスを経てくる運動時に生じるエラーの情報です。

伊藤正男博士は、プルキンエ細胞と平行線維のシナプスには長期抑圧（ＬＴＤ）という可塑性があることを見つけました。ＬＴＤとは、登上線維によってエラーの情報がプルキンエ細胞に繰り返し伝わると、登上線維と同時に活動していた平行線維からの信号がその後長期にわたってプルキンエ細胞に伝わりにくくなる現象です。伊藤博士は、米国の研究者とともに、長期抑圧によって運動学習が生じ、プルキンエ細胞に運動記憶ができるという仮説を30年以上前に提案したのです。

伊藤正男博士は、次のような例を示し、小脳の予測力というものについても、さらに述べています。「野球で、投手の手から球が離れ、捕手のミットに収まるまでには0・2秒前後かかるといわれています。私たちがある刺激を目で感じて行動に起すまでには、最低0・1秒かかります。ということは、打者は球が投手の手を離れて真ん中にくるまでに、その球を打つか、あるいは見逃すかの決断をしなければ打てないことになります。そのため、打者は投手の手の格好や、手から離れたときの球の具合を見て、それらから得た情報をもとに決断し、打っているのです。そこには、予測力が相当働いていますが、打つことについては脳の小脳が担っていると考えられます」（「岩波科学ライブラリー99」岩波書店）。

野球での「打つ」という動作は、小脳が練習によって得た記憶に基づいて、意識することなく実行しているのです。そして、その記憶が多くなるほど運動能力は向上し、上手になっていくというわけです。

しかし、練習によって一度小脳が得た運動モデルの記憶を、新しい記憶に作り変えることは大変に困難であることをフィギュア・スケーターの浅田真央選手の例が示しています。

浅田選手は、かつてロシアの指導者のもとで得た3回転ジャンプの技法をルール改定などのために修正を迫られて、長い年月、努力を重ねましたが、うまく行きませんでした。

一口メモ

小脳が動作と動作のつながりがうまくいっているのかどうかを常にチェックして、スムーズでないところがあれば、その誤差を修正していく。

26 条件反射は、なぜ、体の記憶と呼ばれるの?

動物の学習行動には、刺激に対して応答するという基本原理があることを、ロシアの生理学者イワン・パブロフが１９０３年にはじめて科学的に示しました。「パブロフの条件反射」として、余りに有名です。

パブロフは、犬の唾液の分泌を調べ、消化腺機能の研究を行っていたところ、実験に使っていた犬が、エサを与える飼育係の足音を聞いただけで唾液をだすことに気づいたのでした。これにヒントを得て、次のような実験を繰り返して、そのメカニズムについて解明を試みました。

犬にベルの音を聞かせ、同時に口のなかに肉の粉を入れてやることを何回もくり返すと、そのうちに犬はベルの音を聞いただけで、唾液分泌を起すようになりました。

この実験から、肉の粉が口に入ったときの唾液分泌は犬の本能的に持つ「無条件反射」で、一方、犬がベルの音を聞いただけで起る唾液分泌は、体験の積み重ねによって得た学習の成果であるとして「条件反射」と呼びました。この場合、ベルの音は条件刺激で、肉の粉は無条件刺激と呼ばれました。

一方で、動物の学習行動には「刷り込み」といって、動物の生活上でのある時期に、特定のことを短時間で覚えこませた時、その覚えたことが長時間持続するという学習現象があります。鳥類に多くみられ、例えば、カモやガンなどの鳥が、ふ化直後に見たものを親として記憶し、その後を追いかけるという行動は刷り込みの典型例です。

前出の伊藤正男博士は、条件反射と刷り込みの違いについて、「刷り込み現象は認知性記憶（頭の記憶）の一種であって大脳で営まれ、条件反射は運動性記憶

（体の記憶）で小脳や脳幹で営まれる」と述べています（「脳の可塑性と記憶」塚原仲晃著・岩波現代文庫）。

しかしながら、ここで疑問が湧きます。条件反射が成立すると、犬は音を聞いただけで唾液が分泌されるようになるのですが、この条件反射が形成される前は、その音は聴神経を刺激し、その興奮は大脳へと伝えられるのに、聴覚刺激に触発されて大脳から唾液腺へそれを伝える回路はありませんでした。条件反射が形成された後には、この興奮が大脳から唾液腺へと伝えられるようになる。つまり、条件反射の形成とはそのような神経の興奮の伝導路が一時的に形成されることを意味しているのです。

パブロフの犬に対する音刺激だけでなく、私たちの体にも様々な感覚刺激に対応して形成された条件反射があります。

例えば、食物を想像する、料理をする音を聞く、料理を見る、肉を焼く匂いを嗅ぐ、などなどは、視覚、聴覚、嗅覚の受容器を興奮させて大脳皮質のそれぞれの感覚野に伝えられ、また大脳皮質連合野も絡んで、延髄の迷走神経核へ情報が伝えられ、神経性の反射によって、唾液、胃液、膵液、胆汁などの分泌が刺激されます。このような、大脳皮質も巻き込んだ条件反射の神経回路を私たちは持っているのです。

川村光毅博士は、「条件反射と高次機能」という論説の中で、高等動物の神経中枢は、前脳と中脳・後脳の2つの部分に分かれているが、機能的に見れば、それぞれ、条件反射と無条件反射の器官ともみなしうる、と述べています。そして、動物とくに高等動物の行動は条件反射で構成されている、としています。条件刺激となるものは、動物では全て具体的な自然の事象であるが、ヒトでは言語も条件刺激となっていると述べています。こうして形成されている条件反射は、生物が変化しつつある環境の中で、その変化に素早く適応して生存し続ける可能性を大きくしていると考えられるのだそうです（脳と神経―分子神経生物学入門、金子章道ら、共立出版、1999年）。

こう考えると、条件反射が「体の記憶」とする一般的な分類には、疑念を持たざるを得ないことではあります。

Column

感覚するって、どういうこと？

私たちは身体への刺激を感覚し、「感覚記憶」として瞬間的に保持しますが、それらは意識されずに行われています。この感覚記憶のうちで、注意を向けられた情報だけが「短期記憶」として保持されます。感覚記憶は保持期間としては最も短いもので、各感覚器官にある受容器が対応しています。

例えば、目で見たり、耳で聴いたり、身体に触ったりするのを、目、耳、皮膚などにある感覚受容器が刺激として受け入れ、その情報は脳に伝達され、処理されて感覚として再生され、認識されます。すなわち、私たちの感覚を実際に感じているのは脳なのです。

感覚は、刺激の種類によって分けられます。機械的刺激による触・圧覚、聴覚、平衡感覚、化学的刺激による味覚、嗅覚、電磁波的刺激による温・冷覚、視覚、機械的・化学的刺激による内臓感覚、内臓平滑筋の動き感覚があります。

身体には、様々な刺激を神経系が理解できるように、電気信号に変換する受容器（感覚受容器と呼ばれます）があります。この感覚受容器には２種類あり、一つは神経線維（軸索）の終末部が変化し、皮膚などへの刺激を受容するものと、もう一つは受容器細胞と感覚神経がシナプス結合しているもので、目への光刺激、耳への音刺激などを受容し、伝えるものです。

刺激を受け入れた受容器は、インパルス（活動電位）という電気信号を発生し、そして、電気信号はそれぞれが受け持つ脳部に送られます。この時、受容器では、刺激の強弱に応じた振幅の受容器電位が発生し、それによってインパルス頻度の高低が出て感覚の強さを表現します。

第5章

言語の記憶は不思議がいっぱい

27 ヒトだけが持つ不思議な言語野

言葉が記憶システムの1つであることは先に触れましたが、それは、言葉を介して語り継がれることで、記憶として使用され、文字が発明されるまで利用されてきたからです。

さらに、言葉は、音声や文字などで伝達するために言語をつくりました。

最近では、言語はコミュニケーションツールとしてだけでなく、記憶の保持をすることから、第2の遺伝子といわれるほどです。

地球上に現れた20数種類の人類のなかで言語をもったのは、ただ1つの生き残った現代人だけと考えられています。現代人は、言語によって、知識を拡大し、文化を持ち、食料確保を容易にしてきました。

ヒトの言語は、ヒト特有のものです。また、ヒトの脳には言語を司る言語野という領野がありますが、これもヒト特有のものです。ヒト以外の動物には言語はなく、音声信号のようなものをもちますが、ヒトの言語とはまったく異なるものです。

ヒトの90%は左半球に言語野をもち、言語を発音したり、言語を理解するために働いています。言語の本質は「話しことば」のため、言語野は話しことばにおいて決定的な役割を担っています。

発話と関係する領域は、顔や舌、あご、のどの筋肉を制御する運動野に隣接していて、運動性言語中枢（ブローカ野）と呼ばれます。

この領域が障害されると言語の発音能力のない「運動性失語症」になります。さらに、左大脳半球の後部上方領域に、感覚性言語中枢（ウェルニッケ野）があり、話された言葉、書かれた文字の理解をしています。

ここを損傷すると、「感覚性失語症」となり、話す

言葉を話す時の脳の動き

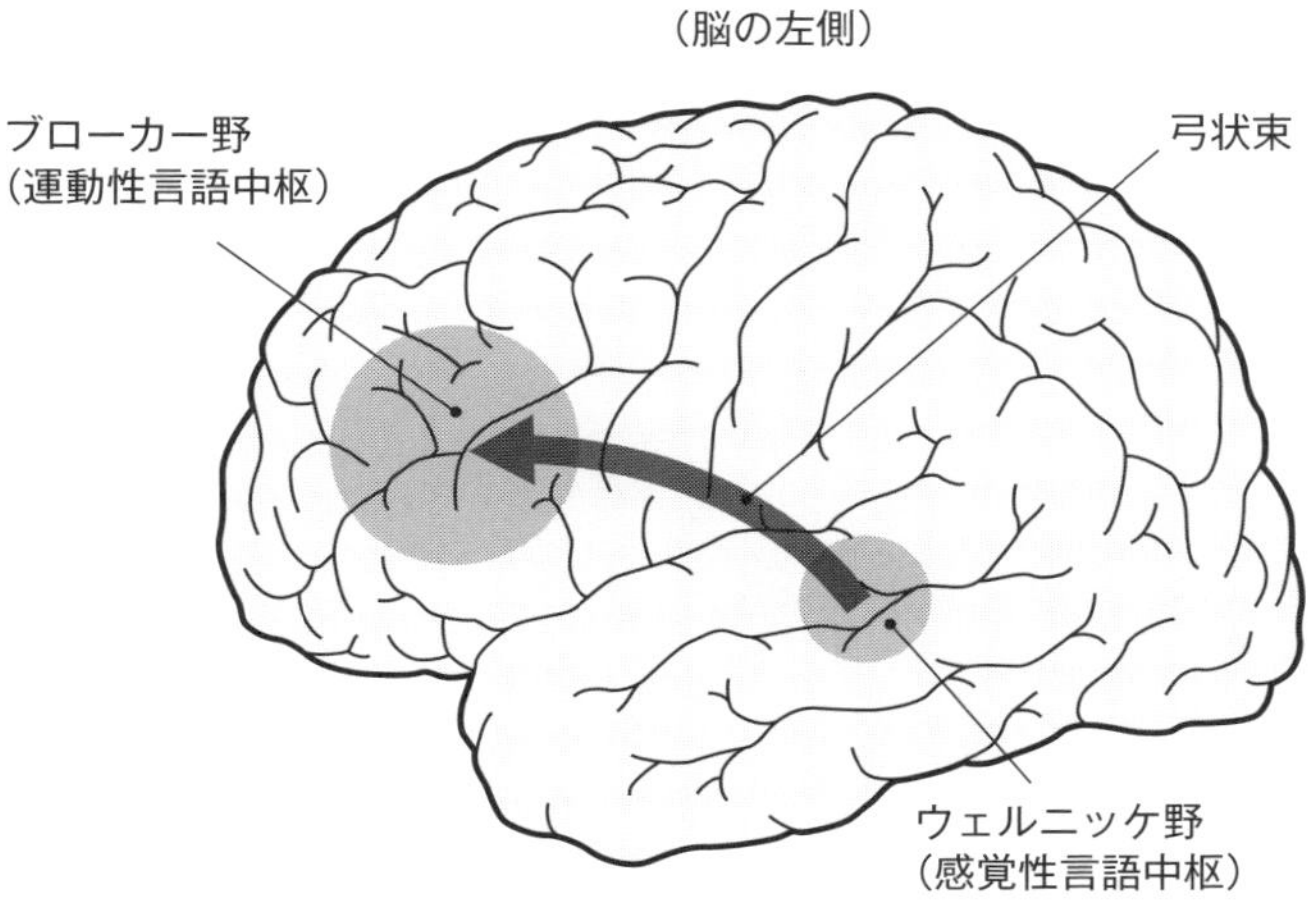

ことはできますが、言語の理解が困難となり、無意味な言葉を発したりします。

聞いた言葉を理解する、聞いた言葉を復唱する、物の名前を呼ぶ、読書などで、文字を見て理解する、などは、上図のような言語情報の流れを経て行われるとされています。

子どもや若い世代は自分たちだけで新しい言語を生み出すという能力を持っていますが、それは言語野の不思議な力です。

その不思議な力は世界に共通していて、どの言語にも主語、動詞、目的語などを使った文章や話し言葉があって、それらを構成する要素が入っています。これは「普遍文法」と呼ばれていますが、言語野がヒトの遺伝情報に入っていることから、言語野に従って文法などがつくられているとされています。

この普遍文法が、遺伝情報の記憶の一端として遺伝子に存在するかどうかは解明されていませんが、他者とのコミュニケーションツールとして、世界共通の基盤になっています。

28 日本人は、記憶が得意？

言葉を発する言語機能は遺伝子的にヒトの脳に備わっていることを説明しました。しかし「読む」、「書く」という言語は、後天的にヒトが発明した文字処理に関わる機能です。ですから、言葉を発する言語なら、健全な状況に生まれ育てば誰もが自然に身につけますが、読んだり、書いたりという書字言語の習得には学校などでの適切な教育が必要で、自然に身につけるというよりは、意識的な学習が必要です。実際、文字を持たない文化も地球上には存在しています。

そして、普通の社会で、知的能力に異常がないのに、文字の読み、書き学習に著しい困難を抱える障害は、「失読症」、難読症、識字障害、読み書き障害、などと呼ばれています。

読み書きに関わる脳領域はどこにあるのでしょうか。実は、「失語症」におけるブローカ野、ウェルニッケ野に相応するような「読み中枢」「書字中枢」が存在するのかどうかについては、検討に余地があるようです。

むしろ、ヒトの脳は、読み書きという、ヒトに特有の目的の達成のために、可能な脳領域を総動員して、あらゆる手立てを講じていると考えられます。つまり、視覚、音韻、意味といった個々の情報を処理する脳部位、また、眼球運動、手指の運動の部位も必要で、多数の機能単位が関与しているということです。

日本人には書かれた文字列を正しく読むことができない「失読症」がとても少ないという特徴があります。西洋諸国では人口比で1～3％ですが、日本人は0・1～0・3％です。なぜこんなに大きな違いがあるのでしょうか。

それは、日本人が表音文字と表意文字を持ち、日常

仮名を読む時の脳の動き

（脳の左側）

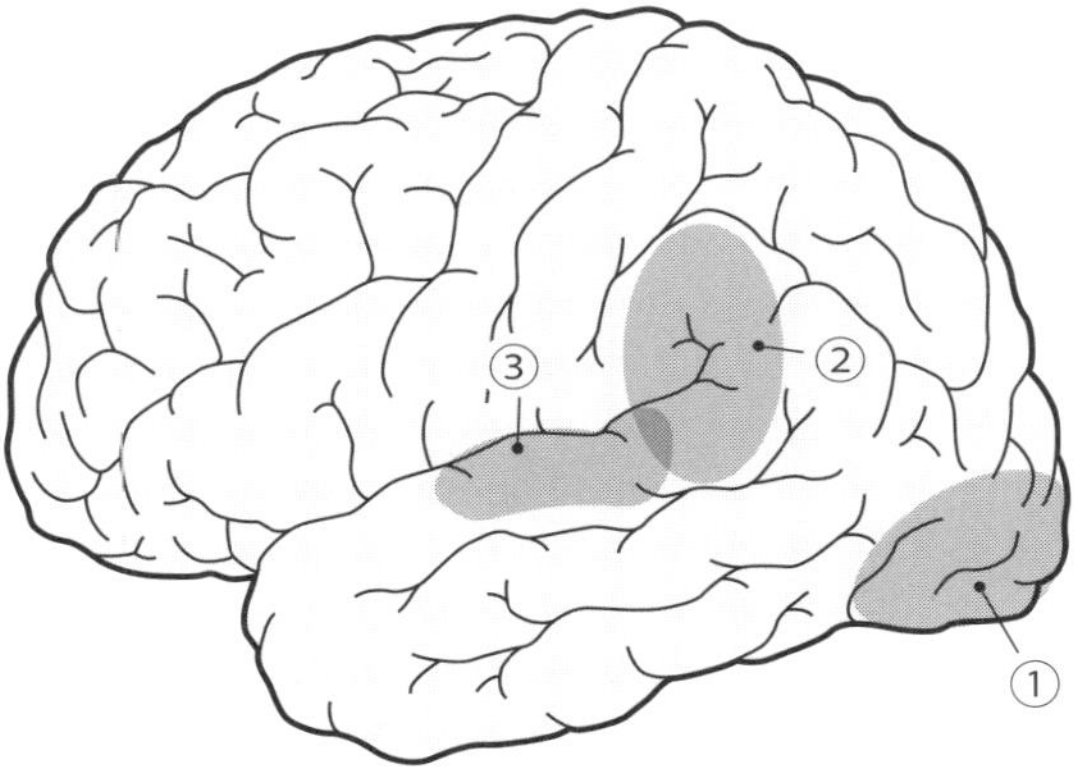

①～③を使用

漢字を読む時の脳の動き

（脳の右側）

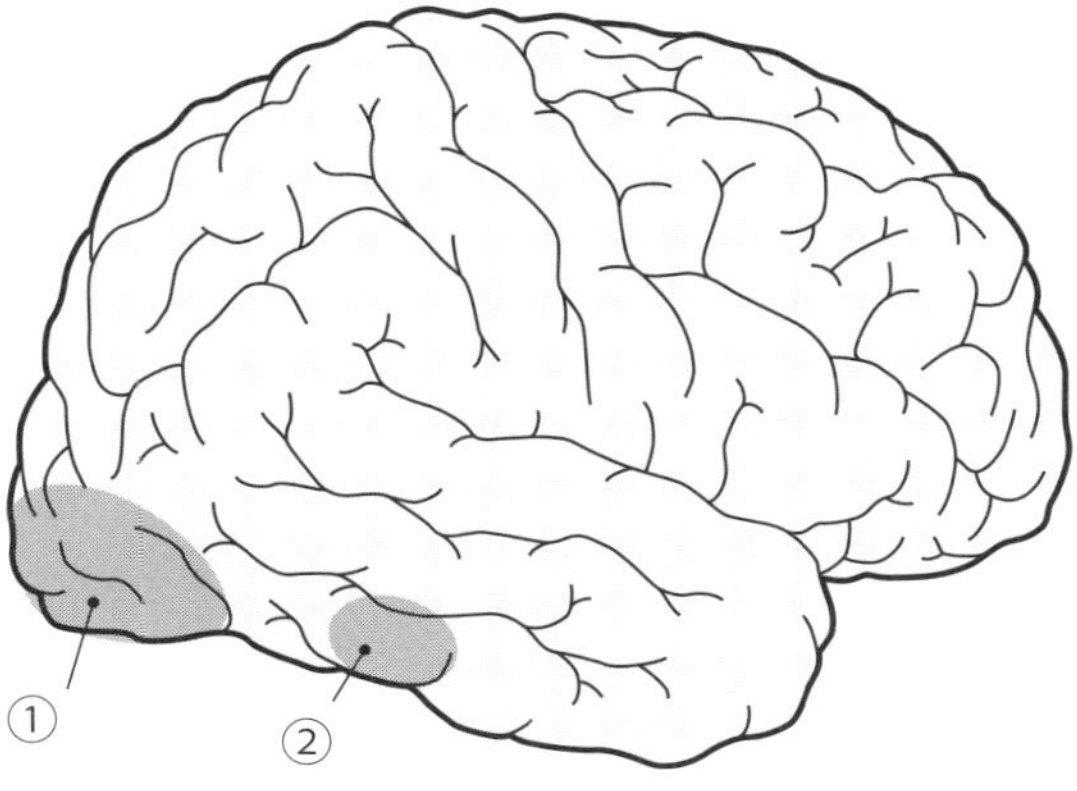

①～②を使用

で、「仮名漢字まじり文字」を読んでいることに起因しているようです。アルファベットは音のみを指す言葉ですが、日本語には表音文字の仮名文字と、表意文字の漢字があります。仮名文字は、脳の視覚野から、アルファベットと同じに左半球の「角回」という部位に送られ、ついで聴覚情報へと変換されます。しかし、漢字は、視覚によるパターン認識情報のまま視覚野から視覚系の延長である「側頭葉下部」に送られます。この側頭葉下部は、顔などの複雑な、立体にも対応する高次のパターン認識を処理する部位です。そして、この漢字処理の働きは右半球が優位ということも認められています。

すなわち、日本語の仮名漢字まじり文では、左右両方の脳を使っていることになります。そのため、左右どちらの大脳半球を損傷しても、仮名文字または漢字を読むことが可能で、これが、日本語において失読症がとても少ない理由であるといいます。仮名漢字まじりの文を読むことで左右の脳を使うということは、脳を活性化する意味ではすごいことではないでしょうか。

仮名の発祥は5～7世紀の「万葉仮名」にあり、約900～1200年前の平安時代の頃に現在の仮名に近いものが完成されています。仮名が発明されたのは、難しい漢字を日本語にして理解するためでしたが、一般庶民にも文字が浸透する効果もあったようです。

こうして、日本人は、常日頃、複雑な「読み」と、併せて「書き」という作業も行うことで、脳をより広範囲に活性化させることになりました。言語によって脳の分析能力が発達し、ヒトが進化したという説に鑑みると、日本人の脳はそれだけ進化しているといえるのではないでしょうか。また、脳の活性化が記憶力アップにつながるという近年の多くの研究に鑑みると、日本人は記憶が得意で、そして記憶力も高いと考えられます。

一口メモ

文字を読んだり、書いたりするのは意識的な学習が必要で、多くの機能を使ってこれを実現している。

29 言語機能によってワーキングメモリーの量を測る試み

ワーキングメモリーの働きは、情報を一時的に保持することであり、私たちの日常での各場面での生活を支え、認知機能の基礎をつくる重要な役割を担っています。その役割は、記憶すると同時に、その記憶を処理することで可能になっているのです。

ワーキングメモリーは、その容量に限界があるといわれています。それは、保持しなければならない情報の量が増加すると、処理できる情報の量が減少するのではないかという考えが成り立つからです。そのため、ワーキングメモリーが、どの程度、情報の保持と処理が可能なのか、それを知る必要が出てきました。これを調べるためのテストとして、英語版の「リーディングスパンテスト」という方法が開発されました。

リーディングスパンテストでは、文を読むことと、文中の単語の記憶を保持することという二重課題の形式をとります。それは、ワーキングメモリーが、記憶することと、その記憶を処理することから、その2つの能力を測るためです。

テストの基本型は、意味的に関連のない文が2つから5つほど提示され、その短文を読み上げながら文末にある単語を記憶していくことです。読む文の数は、最初は2つの文ですが、5つの文まで増えていきます。文の数が多くなると、それに伴い、記憶で保持をしなければならない単語の数が増えます。つまり、読みとる単語の記憶の保持がどの程度できるかよって、ワーキングメモリーの容量を測定するのです。その評価は、単語などの正答率を、どこまで維持できるかによって判断されます。さて、その結果ですが、リーディングスパンテストの高得点群では、文章理解を問う質問でも、高い得点をとったといいます。

ところが、「これらの文や単語が文中にありましたか」という質問では、「低得点群の人たちが高得点群よりも高かった」といいます。これについて、「低得点群は読んだ内容を記憶するのが苦手ではないことを示している。彼らは、どのような表現が含まれていたか、どのような単語があったかについては、よく記憶している」という評価がなされています。

さて、英語と日本語とでは、構文の文法が異なるために、日本語版のリーディングスパンテストでは独自のものが作成され、利用されています。英文では重要な情報を含む単語は文末にくるといわれていますが、日本語では文末には動詞がくることが多いからです。

また、読みと単語の記憶の保持のテストでは、やはり、日本独自のものが利用されています。その一つは、日本語の読解力を問うテストを用いることです。それを単語によるテストと比較することによって、リーディングスパンテストとしての評価をします。

大阪大学大学院人間科学研究科の苧阪満里子教授は、大学生50名を被験者として読解力テストを用い、日本語版リーディングスパンテストの評価値と文章理解の相関関係を検証しました。その結果、「スパン得点と読解力テストでは、両者の得点に有意の相関が認められ、単語スパン評価値と読解力の評価値の間では相関が認められなかった」という報告をしました。

また、この結果について、「リーディングスパンテストでは、文を理解していくと同時に、文の読みと単語を保持することが要求される。そこでは単語を保持するという短期記憶の働きとは異なる、文を読みながら記憶するという別の働きが評価値に影響しているものと考えられる」と苧阪満里子教授は述べています。

リーディングスパンテスト、日本語版リーディングスパンテストによる調査結果から見るに、ワーキングメモリーを測るということは容易ではないようです。

ワーキングメモリーは、日々の暮らしなかで、記憶の基本システムである、①あるでき事を取り込む（入力）、②覚えていること（保持）、③覚えていることを思いだす（再生）、という3段階の過程を、瞬時に、何度も行っているためにどうしても個人差があり、テストの枠内での調査では正確に測りきれない可能性があります。

第6章

記憶を操作する

30 心の状態に左右される記憶の想起

記憶は、ものを覚えこむ過程（記銘）、覚えていること（保持、貯蔵）、覚えていることを思い出す（想起、再生）、という3段階の精神活動に区別されます。

この中で、覚えこんだことを思い出す想起は、その時の気分や心の状態によって、左右されることが多いといわれています。

スタンフォード大学の心理学者、ゴードン・バウァー博士は、被験者の学生に、悲しい気分になるような言葉と、幸せな気分を誘発させるような言葉を示し、それらの言葉から、経験してきた内容を記憶から想起させました。その結果、悲しい気分になる言葉からは、ネガティブな経験を思い出す傾向があり、幸せな気分になる言葉からは、ポジティブな経験を思いだす傾向が見出されました。

つまり、記憶の想起は、想起時点での心の状態に依存し、それらが反映された内容になることがわかりました。それだけでなく、現在の心の状態と類似の精神状態や、類似の環境状況のでき事の記憶が、より強く想起されるということもわかったのです。

バウァー博士の実験から、記憶の保持・貯蔵は、想起することを前提にしているのではないか、ということが示唆されたといいます。

例えば、あることを学習したときに、その時の手がかりや関連する状況は、後で手がかりなどによって連想することで想起しようとする場合、その手がかりや状況が同じような場合には、想起の効果が最も成功に結びつくであろうというのです。このことから、記銘と想起の過程は、日常体験を応用することでとても効果的に促進するという結論も得ました。

確かに、手がかりとなる物事や心の状態、印象的な

さまざまな記憶法

・場所記憶法	空間を利用する方法
・物語記憶法	時間的配列をする物語法
・置換記憶法	イメージしやすい物に置き換えする置換法
・音韻記憶法	数字と韻を踏む音韻法
・連想記憶法	情報から連想できる事柄を一緒に記憶
・反復記憶法	反復することで印象づけをして記憶
・イメージ記憶法	情報にイメージを付加して記憶
・音読記憶法	音読し、脳の多くの領域や神経回路を活性化させることによる記憶
・筆記記憶法	書き込みや、メモによる記憶
・チャンキング（chunking）記憶法	電話番号の数字をグループ分けするなど、分割や統合による記憶
・汎化記憶法	共通するものや、似たような情報をまとめることによる記憶

環境、関連する事柄の存在は、記銘に効果がありそうで、すなわち記憶力向上に役立つでしょう。

例えば、記憶の方法として、空間を利用する場所法、時間的配列をする物語法、イメージしやすい物に置き換えする置換法、数字と韻を踏む音韻法などは古くから利用され試みられてきました。

私たちは記銘したことを、記憶として保持するためや想起しやすくするため、多くの記憶術を考え出してきました。先に挙げた方法以外に、表に掲げるような記憶法が利用されています。

さらに、ビジネスでは、「顔と名前の記憶法」として、相手と言葉を交わし、光景、体型、顔の特徴などを、知識・情報にして、「意味記憶」として憶えるという方法がよく利用されています。

このように、記憶術にはいろいろな方法がありますが、これらのいずれの記憶方法も記憶の想起に役立つと考えられます。記憶力を高める、あるいは強くするために、どれかを選択し、試みてはいかがでしょうか。

31 記憶機能を支援するアセチルコリン神経系

これまで説明したように、海馬は、学習や運動による様々な情報を新皮質感覚野や連合野から受けて記憶機能を発揮します。一方で、これらの学習や運動は、中隔核やマイネルト基底核にあるアセチルコリン神経系を活性化しますので、海馬内へのアセチルコリン分泌が増加し、海馬のニューロンが活性化されます。このアセチルコリンは、海馬に次々と連鎖現象を引き起こして、記憶機能を支えることになります。

ヒトの大脳皮質からの自発性の電気活動を頭皮上から増幅記録したものを脳波と言います。ヒトの正常な脳波は、覚醒時には、リラックス時の「α（アルファ）波」（8－13Hz周波数）、覚醒時の意識や集中力と関連する「β（ベータ）波」（14－30Hz）が区別されます。それ以上の周波数（30－70Hz）で、人により「γ（ガンマ）波」とする波もあります。

図にあるように、アセチルコリン神経系は、海馬を含め、脳全体にアセチルコリンを分泌します。これによって、海馬だけでなく、脳全体の活動レベルを上げる働きをしています。脳波では、ベータ波やガンマ波が優位になります。

では、海馬ではどうでしょうか。ラットの海馬内に電極を置いて電気活動を記録すると、皮質の脳波は周波数の高いベータ波やガンマ波を示している時に、むしろゆっくりしたシータ波が出現しています。そして、これまでの実験から、海馬のゆっくりしたシータ波は、海馬にアセチルコリンを投与すると出現することがわかっています。

山口大学医学部生理学教室の美津島大博士は、この本の監修をしている田中冨久子博士が横浜市立大学医学部で生理学教室を主宰していた時に、ラットの海馬

マイネルト基底核と中隔核から新皮質と海馬に投射するアセチルコリン神経系

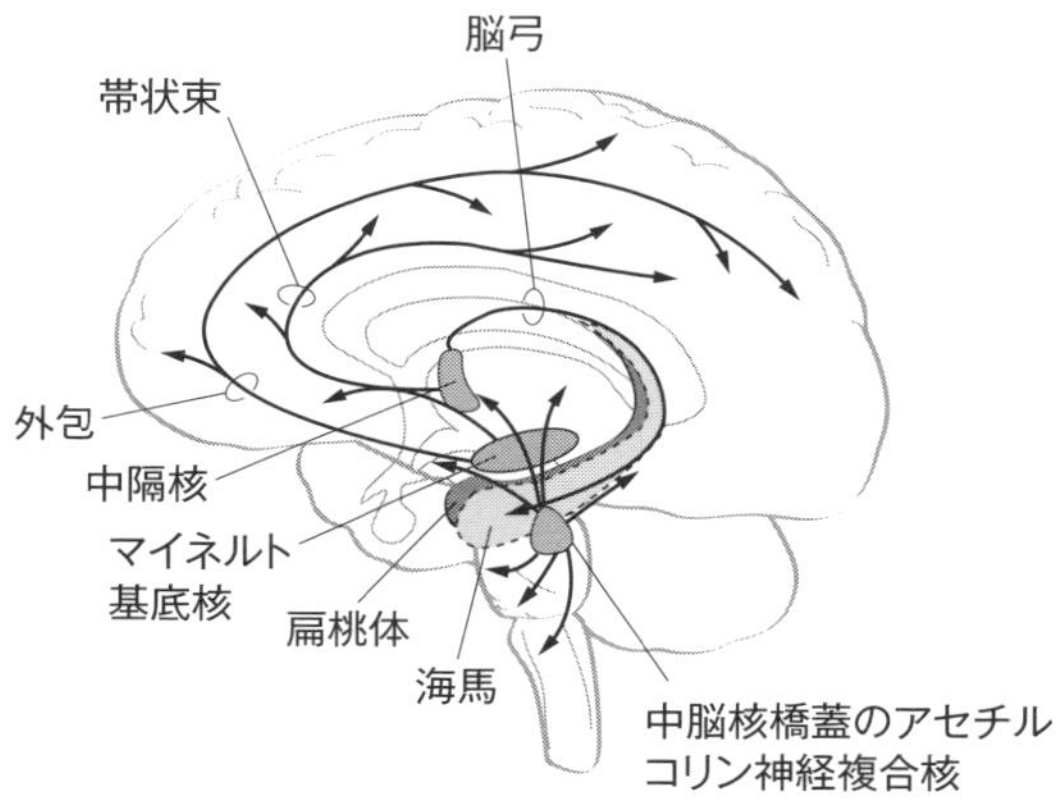

(Connors, Boron と Boulpaep (編), Medical Physiology, 2003 より)

内のアセチルコリン濃度を24時間にわたって測定しました。ラットは夜行性なので夜間に覚醒し、自発運動や探索行動をしますが、美津島は、この時期に、海馬へのアセチルコリンの分泌量が昼間よりも顕著に高いことを見つけました。

ラットを含め、私たちの活動時には、海馬へのアセチルコリン分泌が高まっていることが確認され、そして、このアセチルコリンによって海馬にシータ波やガンマ波が出ていることが推測されました。

一方で、ラットでは、シータ波は海馬にニューロンを新生させる刺激となることが沢山報告されています。そして、このように産生された新ニューロンが、海馬の記憶回路に組み込まれるということは第2章で説明しました。

ただし、ヒトの場合は、ラットと違って、成長に伴って海馬でのニューロン新生が減ってしまうということを2018年にArturo Alvarez-Buyllaのグループが発表しました。彼らは、13歳までの子供の海馬の歯状回において新生ニューロンを見つけたけれど、18－77歳の成人では見つけられなかったそうです。サルでも、見つかったのは、生後早々の時だけだったそうです。

ラットで認められた生涯にわたる海馬ニューロンの新生がいわば定説となってきている現在、これを覆すこの論文は波紋を呼んでいます。なぜ、定説が間違っているかを明らかにすることを求められている現状です。でも、簡単に考えると、学習も運動もしなければ新生しないわけですから、どのような生活をしていた人たちの脳を対象に選んだのかを詮索することが、決着の早道のようにも思えます。アセチルコリンを海馬にたっぷりと注ぐ生活をしていた人たちの脳なのでしょうか？加齢とともに、勉強や運動を怠けていた人たちの脳かもしれないとも思われるのです。また、更年期が来ても、性ステロイドホルモンについての何の手当てもしなかった人たちの脳かもしれません。

大きなケージで運動と探索行動をすると分泌が増える

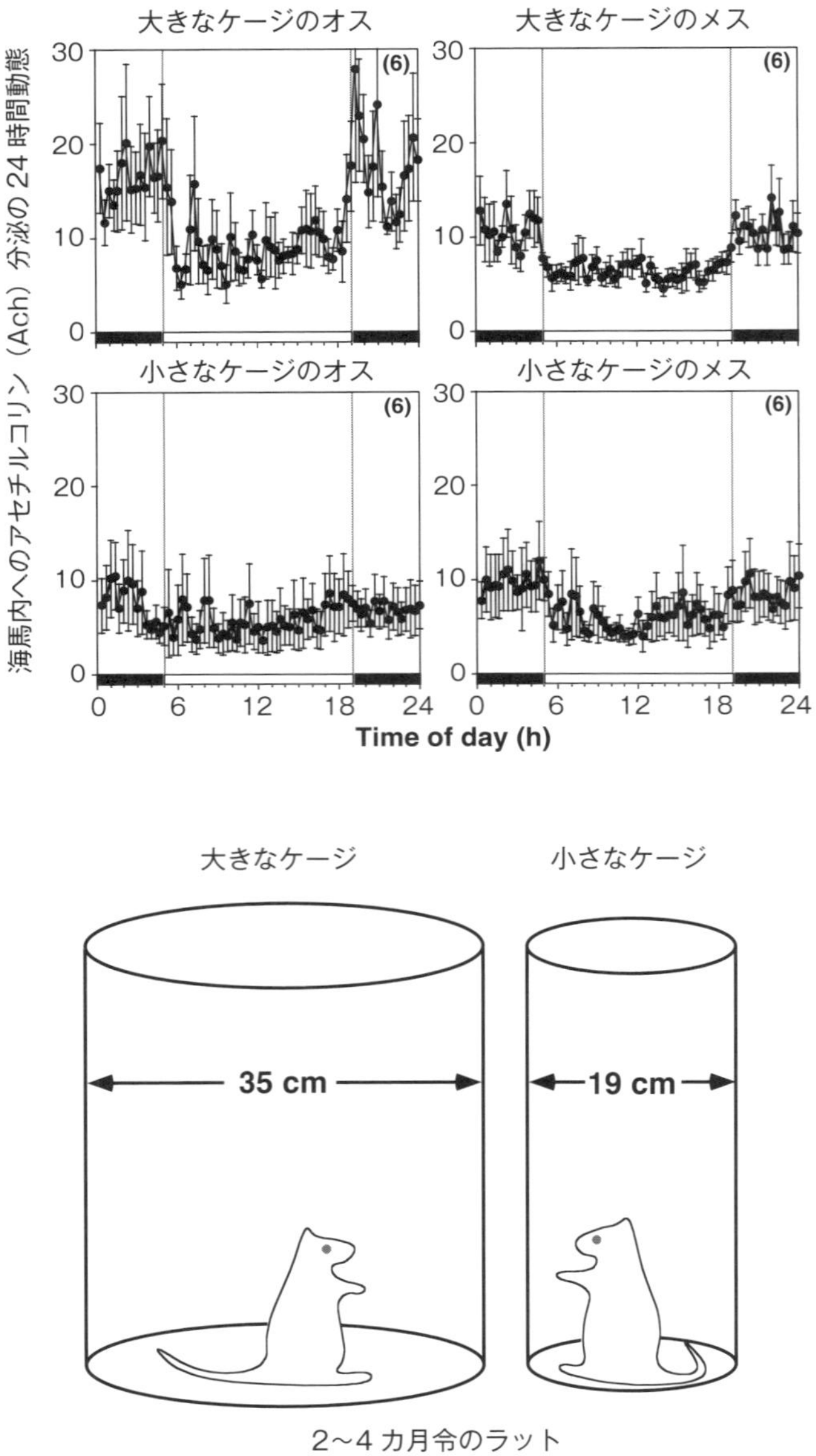
海馬内へのアセチルコリン（Ach）分泌の24時間動態
大きなケージのオス
大きなケージのメス
小さなケージのオス
小さなケージのメス
(6)
30
20
10
0
0
6
12
18
24
Time of day (h)
大きなケージ
小さなケージ
35 cm
19 cm

2〜4カ月令のラット

32 記憶力増強には、睡眠が一番！

努力もせずに、楽しみながら、記憶力を強くするという方法があるのでしょうか？実はそんな方法があるのです。それは、眠ることです。睡眠が記憶力を高める効果をもたらします。

睡眠中に、記憶の中枢である海馬が記憶機能を発揮し、昼間のでき事を整理していることを2章でも触れましたが、それだけでなく、睡眠は、そのレミニセンス効果によって記憶力を増強するのでないかといわれています。レミニセンス効果とは、記憶を想起するには、記憶をしてから一定時間が経ってからの方が思い出しやすいというものです。レミニセンスとは思い出すという意味です。

睡眠中に、海馬では、昼間に遭遇したでき事を整理した後に、短期記憶と長期記憶への選り分けをし、同時に長期記憶として保持するための固定化をしています。

記憶が形成されるメカニズムとしては、高次の機能を持つ新皮質連合野が興味のある感覚情報を海馬傍回嗅内野皮質に送り、海馬体の歯状回で一時的保持、貯蔵、長期記憶にするものと、消滅させる記憶を選別し、整理するということが考えられています。

短期記憶は数時間で消滅し、海馬で長期記憶されると分類された情報は、再度新皮質連合野にもどされます。その記憶のために大脳皮質の神経回路が形成・強化され、思い出や学習記録として長期に記憶されることになります。長期記憶の形成には遺伝子の転写が行われ、その主な転写因子にはタンパクのＣＲＥＢが関与しています。このような作業は、睡眠中に、海馬が行なっているのです。ですから、例えば、寝る前に一生懸命勉強をすると、寝ている間に様々な記憶が整理されるため、学習内容を思い出しやすくなるのです。

２００４年、ドイツのリューベック大学のヴァクネル博士が、睡眠が記憶を増強させることを示唆する実験結果を得ました。その実験とは、ある法則の隠れた数字の列を被験者に見せ、次の空欄に入る数字を当てさせるというものです。

被験者を３つのグループに分けました。しっかりと睡眠をとってもらうグループと徹夜をさせるグループに分け、前日にこの問題を見せて、翌日の朝に解答をしてもらいました。また別のグループには朝に問題を見せて、日中は睡眠をとらないで、夕方に解答してもらいました。その結果、しっかりと睡眠をとってもらったグループでは3倍近くの正答率で、数字の法則がひらめいたというのです。このことから、ヴァクネル博士は「睡眠が記憶の再構築を行うことによって、知識の抽出やインスピレーションを想起させたのではないか」と結論づけました。また、レミニセンス効果も関与しているのだろうといいます。

記憶力の増強には、海馬を活性化するためにも、睡眠をしっかりととることが重要なのです。「寝る子は育つ」といいますが、「寝る子は記憶力を高める」といえそうです。

充分な睡眠は、記憶力を増進する

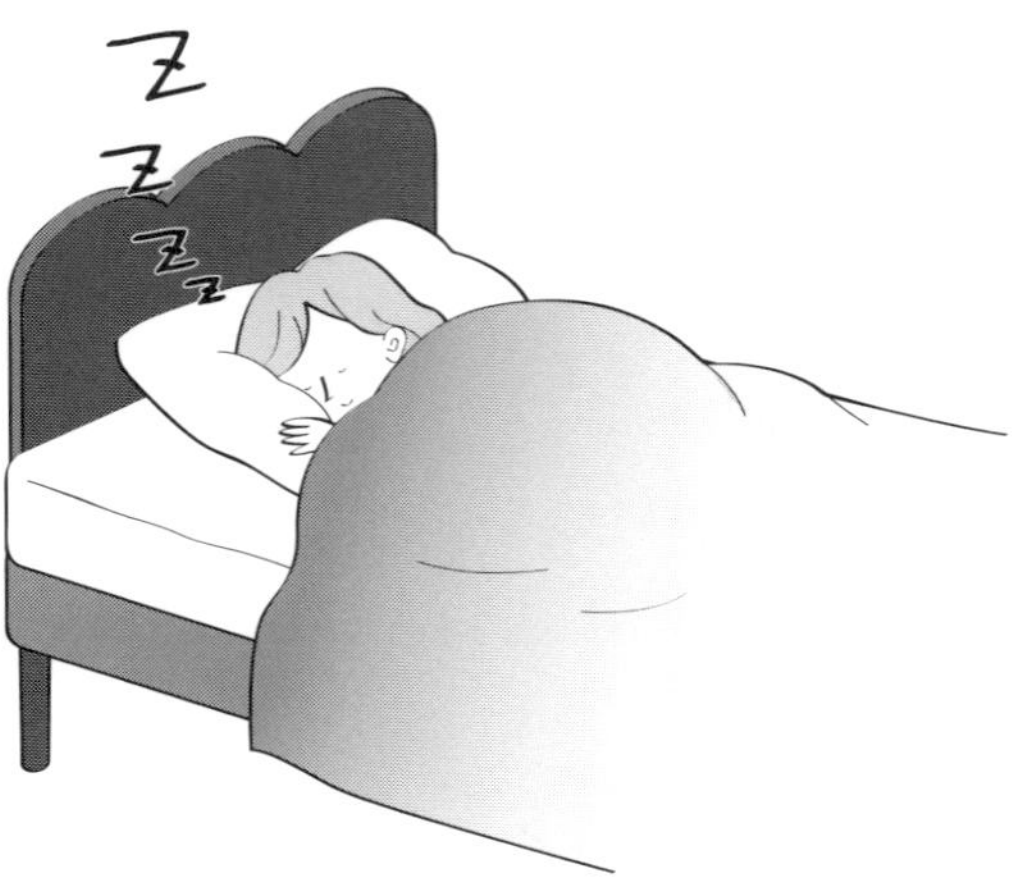

33 光遺伝学によるセル・アセンブリ仮説の証明

セル・アセンブリとは、カナダの心理学者D．O．ヘッブ博士が1949年に提唱した概念です。簡単にいうと、ニューロン（神経細胞）間の機能的な結合に基づいて、随時、形成されるニューロン集団が、情報を脳内で表現する基本単位である、という考えです。その機能的ニューロン集団は、同時に活動するニューロン間の機能的シナプス結合が強化されることで作られ、複数の異なる刺激に基づく知覚や記憶、さらには外的な刺激を必要としないイメージの形成や思考などが可能になる、とヘッブ博士は考えました。

記憶についていえば、「記憶は、脳内にあるニューロンの集団の組み合わせとして符号化されて保存される」という仮説です。でも、その仮説を知識としては知っていても、神経科学者の多くは、証明する技術の乏しさから、実証するに至らず、一部では「心理学者の妄想」などと蔑視すらされてきたのでした。

「セル・アセンブリ仮説」は、約60年間、科学的に証明されませんでした。それは、例えばヒトの脳に電極をさして電気を流す、というそれまでの方法では、ヒトの体に大きな負担をかける上、電気が広がってしまうため、ある特定のニューロンだけを刺激することができないからでした。そこで、神経科学者たちが目をつけたのが、光に応答するタンパク質でした。

あらゆる生物には、光を受容する仕組みが備わっています。例えば、ヒトの場合は網膜にある視細胞が光を感じてものが見えます。植物は、光を受容して光合成を行うし、光の方向に曲がる光屈性を示します。そして、葉緑体を持つ藻の仲間のクラミドモナスは光の方向に向かって泳ぎます（走行性）。

21世紀初頭に、ドイツのペーター・ヘーグマン博士らがクラミドモナスの光応答性タンパク質であるチャネルロドプシンが、光によって、ナトリウムやカリウムなど、陽イオンを通すチャネルとして働くことを見つけました。クラミドモナスの全ゲノムの中からロドプシンの配列を探し出し、その遺伝子をカエルの卵に導入したところ、イオンチャネルが開いたのです。

　イオンチャネルというのはニューロンなど細胞の膜にあるイオンを通す穴です。静止状態では、細胞内外のイオンの分布差が作られていて、細胞内は細胞外に比べてマイナス70ｍｖに維持されていますが、もし、イオンチャネルが開くと、イオンは電荷を持っているので、イオン濃度の違いによって、電流が流れることになります。つまり、クラミドモナスから得られるチャネルロドプシンによって、光を電気に変換することができるということを見つけたのです。

　２００５年に、米国のスタンフォード大学のカール・ダイセロス教授らが、そして同じ頃、日本でも東北大学大学院の八尾　寛教授のグループが、遺伝子工学的手法でチャネルロドプシン2をマウスの海馬のニューロンに発現させ、照射した青色ＬＥＤの電気パルスに同期した活動がニューロンに引き起こされることを確認しました。つまり、光と遺伝子学を融合させた光遺伝学という新しい実験技術が確立されたのです。

　これによって、光で細胞機能のスイッチのオンオフができる画期的な方法が誕生したことになりました。この技術の利点は、生きたままの動物を使って、時間的にミリ秒単位で、目的の細胞の機能を制御でき、空間解像度も高いので、例えば複雑なネットワークを形成しているニューロンについても、どこのどの細胞、あるいは特定のシナプスのつなぎ目を狙うなどというように高精度の操作ができるようになったことです。

セル・アセンブリの簡単な概念図

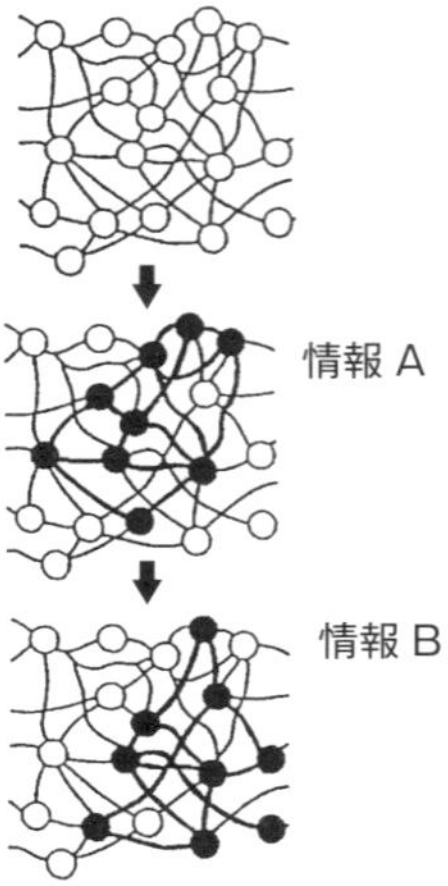

黒丸は活動しているニューロン、太線は機能的な結合を意味する（出典：「生物物理50」2010、「脳の科学23」2000、櫻井芳雄・現同志社大学脳科学研究科）

34 光遺伝学手法で想起される恐怖の記憶

ノーベル生理学・医学賞を受賞した日本の利根川進博士のグループは、光遺伝学を用いて、海馬に光をあてることで恐怖体験の記憶を思い出させることに成功し、2012年に発表しました。

まず、飼育しているケージから出したマウスを箱に入れ、探索行動をさせた3分後に電気ショックを与えます。マウスは何を学習するかというと、新しい箱に入れられたこと、つまり環境が変わったという変化と電気ショックとを連合して記憶し、学習します。一定時間後に再び箱に入れてすくみ反応を起こすかどうかで、記憶を思い出しているかどうかを判断します。

ここで、学習時に活動したニューロンだけを人工的に活動させるための工夫を遺伝子工学的に行い、海馬内にチャネルロドプシン2と目印としての黄色蛍光タンパク質が発現する仕組みを作りました。詳しくは省きますが、光は、海馬あたりに差し込んだグラスファイバーで、レーザーで人工的に発光させました。

こうした準備をした上でマウスを箱に入れ、電気ショックを与え恐怖体験をさせます。その後、そのマウスは、恐怖体験した箱に入れるとすくみを反応しましたが、別の箱では、すくみを示しませんでした。そこで、マウスが安全とする箱で、光を当ててニューロンのセットを活性化してみた結果、光を当てた途端にマウスはすくみ反応を示しましたが、光をあてるのを止めると動き回りました。

このことから、マウスは、光を当てると恐怖体験を思い出し、光を消すと恐怖記憶を思い出さないということがわかったのです。学習時に活動したニューロンのみを後に活性化させることで、学習した記憶を思い出させることができた、つまり、記憶を人為的に想起させることができたというわけです。また、セル・アセンブリ仮説の証明ともなったわけでした。利根川グループはこのセル・アセンブリを「記憶エングラム」と呼んでいます。

さらに、カナダのトロントの研究機関とトロント大学の合同研究チームが、幼児期の恐怖体験も、大人になってから光遺伝学を用いて海馬を刺激すると思い出す可能性のあることを見つけ２０１８年に発表しました。

先の利根川グループの実験はおとなのマウスで行ったのですが、この場合は、まず、幼いマウスとおとなのマウスを普段のボックスから別のボックスに入れて、床に弱い電流を流して電気ショックを与えて恐怖を体験させ、翌日、再びボックスに入れたところ、おとなのマウスは恐怖で固まってしまったのですが、幼いマウスはすでに恐怖体験を忘れているようで、普段と変わらない動きをしました。つまり、これで、マウスにもヒトと同じように幼児期健忘症のあることを確認しました。

しかし、幼いマウスも、最初の恐怖体験から15日後、30日後、90日後に、光遺伝学を用いて海馬の歯状回に光を当てて刺激をすると、恐怖体験を思い出し、固まってしまうことを発見しました。つまり、幼児期健忘症の状態にあっても体験したことを忘れてしまっているわけでなく、どこかに記憶として保存されていることがわかったのです。

ヒトでは、人生で最初の思い出はいつかとたづねると、大半は３－４歳であるといいます。

もしかしたら、ヒトでも本当に赤ちゃんの時の記憶がどこかに保存されているのかもしれないことを示した研究だね

35 記憶の想起には2つの回路がある

記憶の想起に関連し、記憶には「最近の記憶」と「遠隔記憶」という2つの分類方法があると言われています。最近の記憶とは、2年以内の新しい記憶で、それ以前の記憶を遠隔記憶とします。

この2つの記憶の違いとは、何でしょうか？

記憶を思い出すために、記憶の中枢である「海馬」を必要とするかどうかにその違いがあるといいます。「最近の記憶」では、海馬を必要とし、「遠隔記憶」では、海馬を必要としないということです。すなわち、想起の上で、海馬依存的か非依存的かということになります。

でも、海馬依存的か海馬非依存的かは、あくまで、思い出す上での考え方です。そもそも、海馬が記憶の中枢であることを最初に示してくれた1950年代のH.M.さんという患者さんは、難治性てんかんのために側頭葉の一部の切除を受けた後、新しく起こったことを思い出すことができなくなりました。記憶の獲得ができなくなったのです。でも、H.M.さんは、昔の記憶は影響を受けず、思い出すことができました。

このH.M.さんの例と、その後の記憶研究の成果を合わせると、最近の記憶の獲得と想起には海馬が必要ですが、遠隔記憶と想起には海馬は不要ということになります。遠隔記憶は海馬以外の場所に保存されているだろうというのが現在の考えです。

では、海馬に保存されていない遠隔記憶は、どこに貯蔵されているのでしょうか。

現在、遠隔記憶の保存場所は、まだ確定されていません。研究者らは、大脳皮質ではないかと推測していますが、確証されていません。

恐怖条件付動物実験で、マウスに音による電気ショ

でき事記憶の神経回路

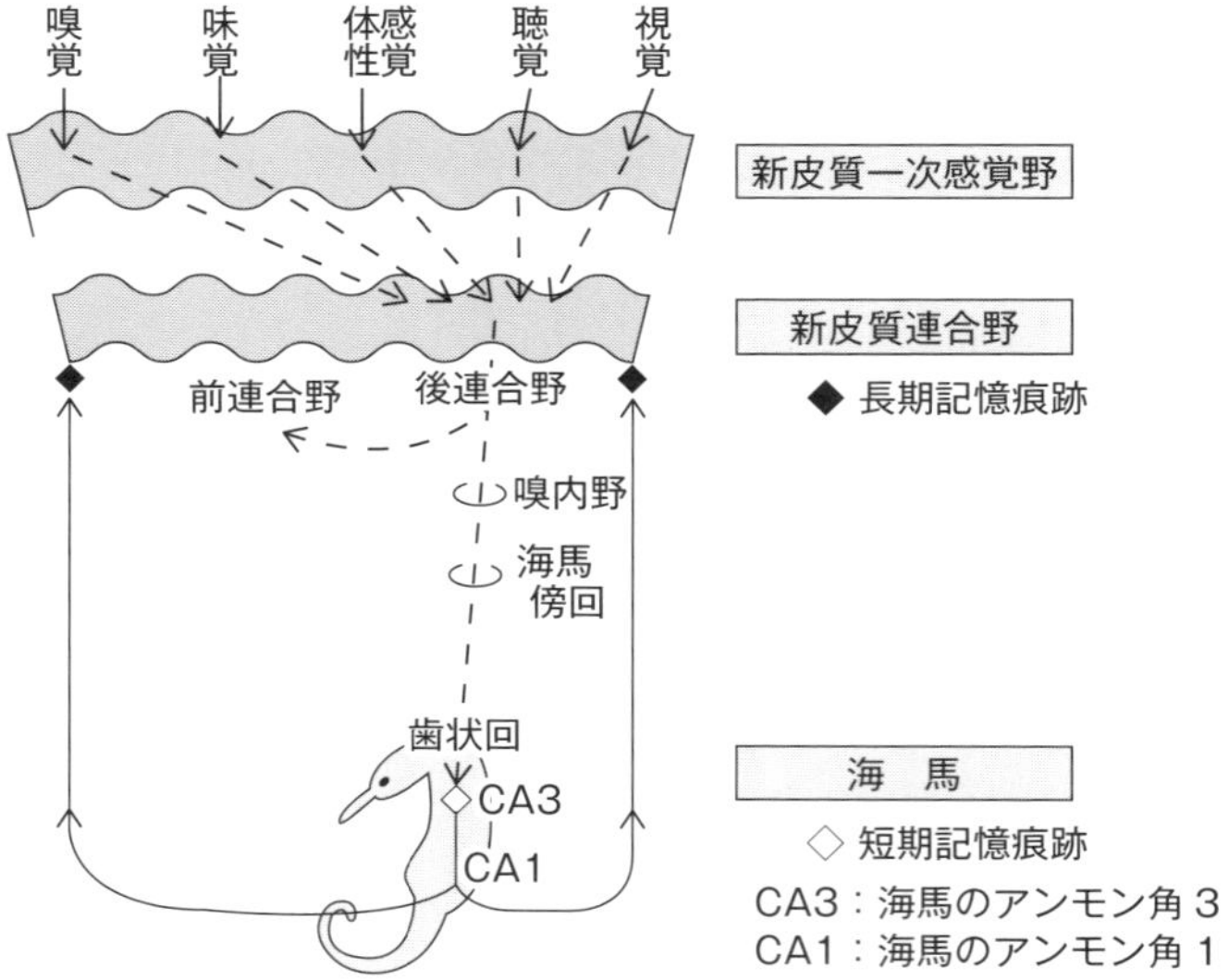
嗅覚
味覚
体性感覚
聴覚
視覚
新皮質一次感覚野
新皮質連合野
前連合野
後連合野
◆ 長期記憶痕跡
嗅内野
海馬傍回
歯状回
CA3
CA1
海　馬
◇ 短期記憶痕跡
CA3：海馬のアンモン角３
CA1：海馬のアンモン角１

ック、臭いによる電気ショック、環境変化による電気ショックを経験させると、音での記憶は脳の第二次聴覚野に、臭いでの記憶は脳の第二次嗅覚野、環境での記憶では脳の第二次視覚野、これらそれぞれに保存されていることが明らかになっていますが、音、臭い、環境によるショックの記憶は各領野に全てが保存されているわけではなく、大脳皮質全体に拡散されて保存されていると考えられているのです。

私たちの記憶は、まだまだ謎に満ちていると言っても過言ではないようだね

36 記憶の想起を支える無意識の記憶

記憶の宝庫という言葉がありますが、それは、私たちの無意識のなかにある記憶のことをいいます。それは無意識の記憶が余りにも秘密のベールに包まれていることから、そのように呼ばれるのです。また、無意識の記憶とは、記憶をする本人自身がこの記憶にどのようなものを持っているのかをよく知っておらず、あるいは多くの秘密が隠されているのではないかということから考えられたのです。すなわち、無意識の記憶について、まだまだ研究の余地があるためでもあります。

脳が、ある刺激に対して、思考、判断、推測などを処理する仕事は、過去の記憶に基づいて行うのですが、その際、意識される記憶の想起（再生）以上に、無意識の記憶から多くのことを想起し、ヒトの知覚や情動を支えていると考えられています。

また、無意識のなかには、忘却されたと思われる記憶が保持・貯蔵されていて、時には意識化されることも数多くあるとも考えられていています。この点からも記憶が秘密を持っているのではないかと推測されています。それは、記憶は脳の情報処理過程で、無意識のなかに移行し、処理されていることさえも意識されずに、無意識的に行われていることが多いためであると考えられています。

例えば、コーヒーを認知し、テーブルの上にある、と場所を確認して、手をのばして取ろうとするプロセスでの情報処理について考えます。脳内システムには2つの視覚情報処理機構があり、脳の後頭葉の一次視覚野から側頭葉に送られる「何？」という系統と、頭頂葉に送られる「どこ？」という系統により識別されているということを、先に触れました。この神経回路

２つの視覚情報系統

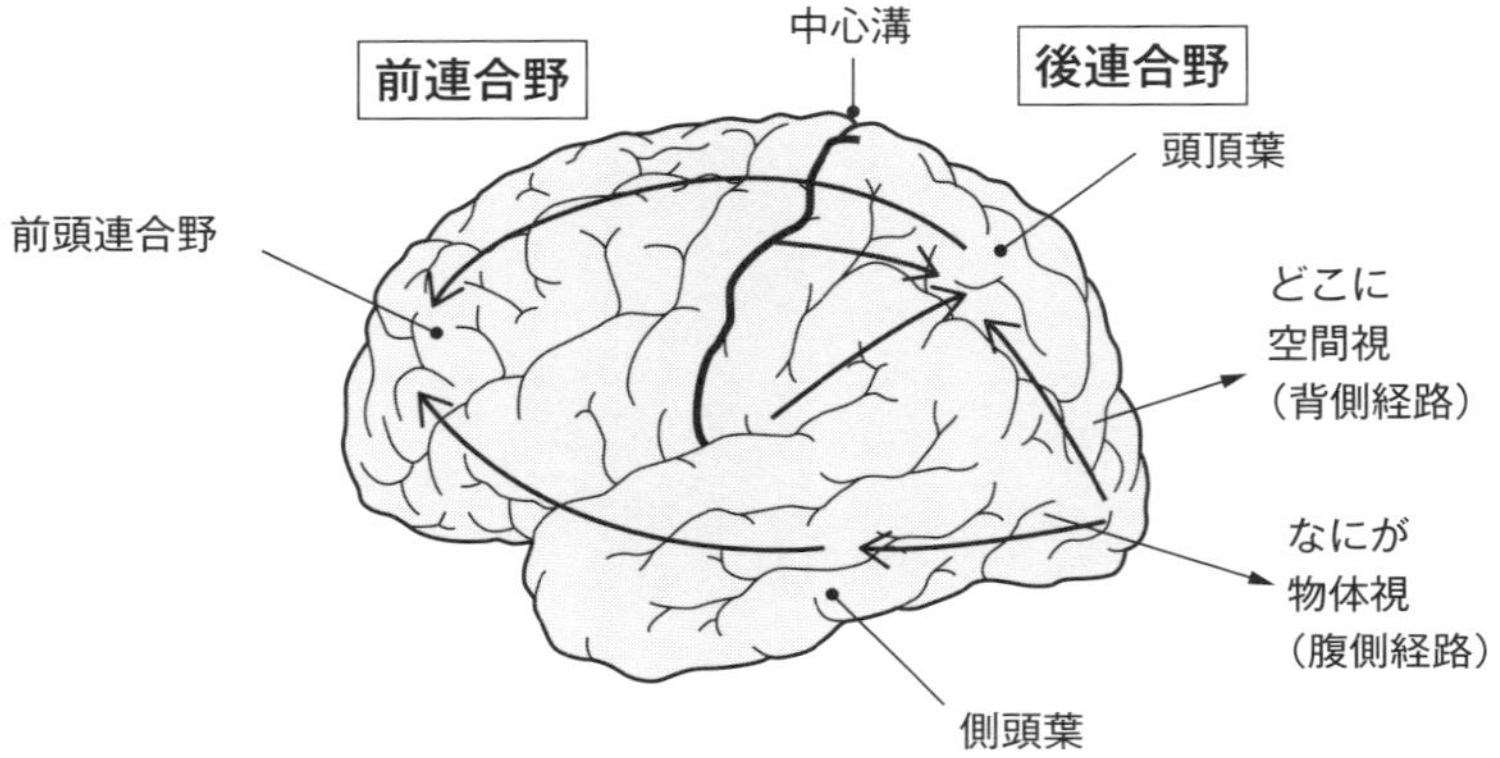

（出典：貴邑冨久子，根来英雄：シンプル生理学，改訂第７版，p.130，2016，南江堂）

が活動するなかで、無意識の記憶が深く関わっているといいます。

　側頭葉に送られた情報には、コーヒーの視覚的識別を行ってその形態を捕える情報処理が、そして、頭頂葉へ送られた情報には、テーブル上の位置の確認をする空間的な情報処理が行われています。

　この過程では、コーヒーという形状を視覚情報で捕え、コーヒーがテーブルの上にあるという空間的な識別をしたことは意識として自覚しますが、一方では、コーヒーを取るために必要とする運動プログラムでは、視覚情報の頭頂葉への神経回路とその情報処理について、意識されずに無意識に行っています。

　ただし、このプロセスには、コーヒーをこぼさないようにするという注意意識が働きますが、これはコーヒーを口まで持ってくる運動プログラムとは別の脳処理で行われています。

　このように、私たちの言動では、意識にのぼらない無意識の記憶による言動が数多く行われているのです。つまり、私たちは意識する以上に、無意識によって多くの情報処理をし、それに基づいて言動を行っているのです。

無意識の記憶は、陳述記憶と非陳述記憶の両方に存在します。特に、非陳述記憶の中での無意識の記憶には、秘密のベールがかかっているようなものがたくさん存在しているといいます。その中で、最も多用されているものが「プライミング」という現象です。

カリフォルニア大学のラリー・R・スクワイア教授によると、「プライミングとは、最近覚えたりした単語や、経験したりしたことがらを特定して、その情報処理能力が改善されることをいいます。このことから、日常でのでき事については、陳述記憶でもあるのですが、このプライミングは独特の記憶現象や表象をすることから、無意識にも起ります」ということです。また、「プライミングの注目すべき特徴は、たった一回経験しただけで、非常に長い間継続できることで、その効果は大きい」ともいいます。

このプライミングが無意識においてもその役割を果たしていることから、ヒトの心の秘密の箱であり、そのヒトの特徴にもなり得るというわけです。

もしかしたら
ヒトが意識できない無意識の中に、
忘れてしまったいろいろな記憶が
眠っているのかもしれないね

Column

「コリン仮説」と「アミロイド仮説」のドッキング

認知症の発症原因として、2つの仮説があり（第7章㊸)、コリン仮説は、性ステロイドホルモン、エストロジェンとアンドロジェンの血中動向と関係から、有力そうです。一方で、病態からいうとアミロイド仮説が有力そうですが、なぜアミロイドベータ蛋白が脳内に増えていくのかついての決め手を欠いていました。しかし、コリン仮説をサポートしたのが性ステロイドホルモンであることに着目し、アミロイド仮説でも性ステロイドホルモンのサポートが存在しないかを探る研究が行われてきました。そして、脳内のエストロジェンが欠乏したアルツハイマーモデルマウスでは、アミロイドベータ蛋白の脳内蓄積の増強、エストロジェンは、アミロイドベータ蛋白 40 とアミロイドベータ蛋白 42 の産生を抑制、アミロイドベータ蛋白の凝集抑制、さらに凝集体の毒性を抑えて神経細胞死を抑制する、などの報告ができています。また、大事な発見は、卵巣摘除したマウス脳内の中隔核のアセチルコリン神経核にアミロイドベータ蛋白の凝集体を注射するとアセチルコリン・ニューロンが死亡し、海馬や大脳皮質のアセチルコリン神経線維の数が減少するが、その減少の割合は、凝集体の注射の前にエストロジェンを投与しておくと低下するということでした。この最後の研究は、コリン仮説とアミロイド仮説を結びつけるものと言えましょう。

女性では、閉経による血中エストロジェン濃度が低下は、アセチルコリン・ニューロンへの刺激作用の低下、アミロイドベータ蛋白の増加によるアセチルコリン・ニューロンへの攻撃開始などを起こし、その結果、海馬の記憶機能が低下し、認知症へと進行する、ということが想像されます。

第7章

ある日突然起こる記憶障害とゆっくり進行する記憶障害

37 ある日突然起こる記憶障害

これまでに、記憶は、その内容によって、陳述記憶（頭の記憶）と非陳述記憶（体の記憶）に分けられると説明してきました。一方、陳述記憶は、時間の流れから、現在からみた、あるでき事が保持されている長さにより、遠隔記憶＝数週から何十年にも及ぶ、ほぼ永久的に保持される記憶、近時記憶＝数日から数時間の記憶、即時記憶＝数十秒以内の記憶、に分けられています。遠隔記憶の容量は無限大ですが、近時記憶は正常なヒトでも急速に忘却が進む記憶です。即時記憶には容量制限があり、数列や無意味な文字ならば、ほぼ7個と言われています。

そのほか、ワーキングメモリーという、時間的区分でいう短期記憶から近時記憶の一部を含む言葉もあります。日本語では作業記憶と言って、ある作業課題の施行に必要な情報を、施行中保ち続ける際に働く記憶を表します。

そして、臨床的には、前向性健忘、逆向性健忘、という、脳損傷や発症が起こった時点を起点とした時間の流れによって、記憶障害を分類することがあります。前向性健忘は受傷や発症以降に生じたでき事を記憶できなくなること、逆向性健忘は受傷や発症前のでき事を想起できなくなることを表し、こうした症状を「健忘」と言います。多くは陳述記憶に起こります。

ヒトは、ある日突然、記憶障害に陥ることがあります。それが数時間ですんだり、1日に及ぶことだったりしますが、その後、回復し、病院で脳のMRI検査や、CTスキャンをしてもらったところ異常がなかったということがよくあります。

東京大学名誉教授で解剖学者の養老孟司先生も、突然記憶がなくなった自身の体験談を、著書で詳細に述べています。

「スキー場でゲレンデの上にいたはずなのに、次の瞬間ゲレンデの下にいた。そして、また次の瞬間にはホテルの部屋にいたそうです。女房に『僕、記憶がなくなったんだよ』と言ったのは覚えている。そうしたら今度は女房が、『あなた、それ6回目よ』って」（『記憶がウソをつく！』扶桑社新書、養老孟司×古舘伊知郎より）。

この記憶がなくなったことを心配した養老先生は、すぐに、脳のCTスキャンを撮ってもらったところ、診断は異常なしで、これは「一過性全健忘症」だったと語っています。

養老先生が著書に書いていますが、「記憶だけがすっぽり抜け落ちてしまう。しかし、その間の意識はちゃんとある。長くて半日くらいのもので、とにかく一晩寝れば、必ず治るんです」「医者が教えてくれたんですが、この病気はだいたい一生に1回しか起らないんだそうです」

一過性全健忘症は、「ウエルニッケ／コルサコフ症候群」と呼ばれる疾患の一種です。情動と記憶の神経回路の一つに「海馬―脳弓―乳頭体―乳頭体視床路―視床前核―帯状回―海馬体」を結ぶパペッツ（Papez）回路があり、この回路と、情動と記憶に関与する「扁桃体―視床背内側核―前頭葉眼窩皮質後方―側頭葉前方―扁桃体」という閉鎖回路のYakovlev（ヤコブレフ）回路とが相互作用することにより、感情的なでき事がよく記憶されるのではないかと考えられています。深酒をしたときや、一過性の血流障害により、このパペッツ回路が阻害され、その間の記憶が全く抜け落ちてしまうという現象が起こったりするといいます。

前向性健忘は受傷や発症以降に生じたでき事を記憶できなくなること、逆向性健忘は受傷や発症前のでき事を想起できなくなることなんだね

38 更年期に起こる記憶障害

更年期には、性ステロイドホルモンである女性のエストロジェンと男性のテストステロンの血中濃度が低下し、記憶力低下が起こることがあります。

１９９０年に、Ｅグールド博士らは、メスラットの卵巣を摘出すると、海馬のアンモン角（ＣＡ１）の錐体細胞と呼ばれるニューロンの樹状突起にある棘《とげ》の数が激減したが、エストロジェンを投与すると、この棘の数が回復したことを見つけました。他のニューロンからの神経突起は、この棘とシナプスを作ることで情報を伝えることができるのです。

ＣＡ１は動物が学習して、記憶するのに必要な場所ですから、エストロジェンの低下は海馬機能の低下をもたらすことが示されたのです。

１９９６年には、エストロジエン受容体ベータが発見されて、その多くは海馬の主な細胞である錐体細胞や顆粒細胞の核内ではなく、樹状突起などに存在することが解りました。

このように、女性の性ステロイドホルモンのエストロジェンが、海馬の記憶機能に関与し、重要な役割を果たしていることが明らかにされているのです。また、男性ホルモンのテストステロンも同様の働きをしていると考えられています。

本書の監修をいただいている医師の田中冨久子先生は、更年期症状を持つ女性へのエストロジェン補充の治療をされていますが、更年期の女性の全てが記憶機能低下を訴えるわけではないけれど、とても深刻な不安を抱えて、診療所に飛び込んでくる人がいますよ、と言っています。その女性たちは、脳神経外科や神経内科でＭＲＩ検査を受けたりしても、「なんでもない」、と言われるのですが、仕事の失敗の不安を抱えている

更年期障害の男性と女性の症状

男性更年期の症状		女性更年期の症状	
精神症状	身体症状	精神症状	身体症状
・健康感の減少	・筋力低下、筋肉痛	・不安	・しびれ、肩こり、筋肉痛
・不安	・疲労感	・いらいら	・全身倦怠感、ほてり、発汗
・いらいら	・ほてり、発汗	・うつ	・頭痛、腹痛、めまい、耳鳴り
・うつ	・頭痛、めまい、耳鳴り	・不眠	・外陰部のかゆみ、性交痛
・不眠	・性機能低下	・意欲の低下	・頻尿、便秘
・意欲の低下	・頻尿	・集中力の低下	・性欲減退
・集中力の低下	・Morning erection の消失	・記憐力の低下	・悪心、嘔吐
・記憶力の低下			
・性欲の減少			

男性の更年期症状と女性の更年期症状（岡田弘ら、2006）

のです。「けれど、エストロジェン補充療法を始めると、本当にすぐに記憶障害が消えて、元気ハツラツになってしまうんですよ」と田中先生が言います。「そのまま、今、恐れられている認知症になってしまう人なんていないんですよ」とも。

更年期の記憶障害は、それまで海馬を支えてきたエストロジェンが減少し始めるとともに起こり始めるので、そのエストロジェンを補ってあげさえすれば、海馬は大喜びで反応して、樹状突起の棘を増やし、機能を回復するのではないでしょうか、と田中医師がいうのです。

更年期の記憶障害は、後で出てくる、70歳以降に発症する認知症などの記憶障害と違って、多分、海馬だけの機能不全で起こるのではないでしょうか、とのことです。

女性では、更年期に入ると、女性ホルモンのエストロジェンの急激な低下が起こり始め、そして閉経によってほとんどゼロになります。すでに説明しました海馬だけでなく、女性の脳のもっと大きな部分と、そして女性の体のあらゆる機能がエストロジェンによって

海馬アンモン角の錐体細胞の棘突起数

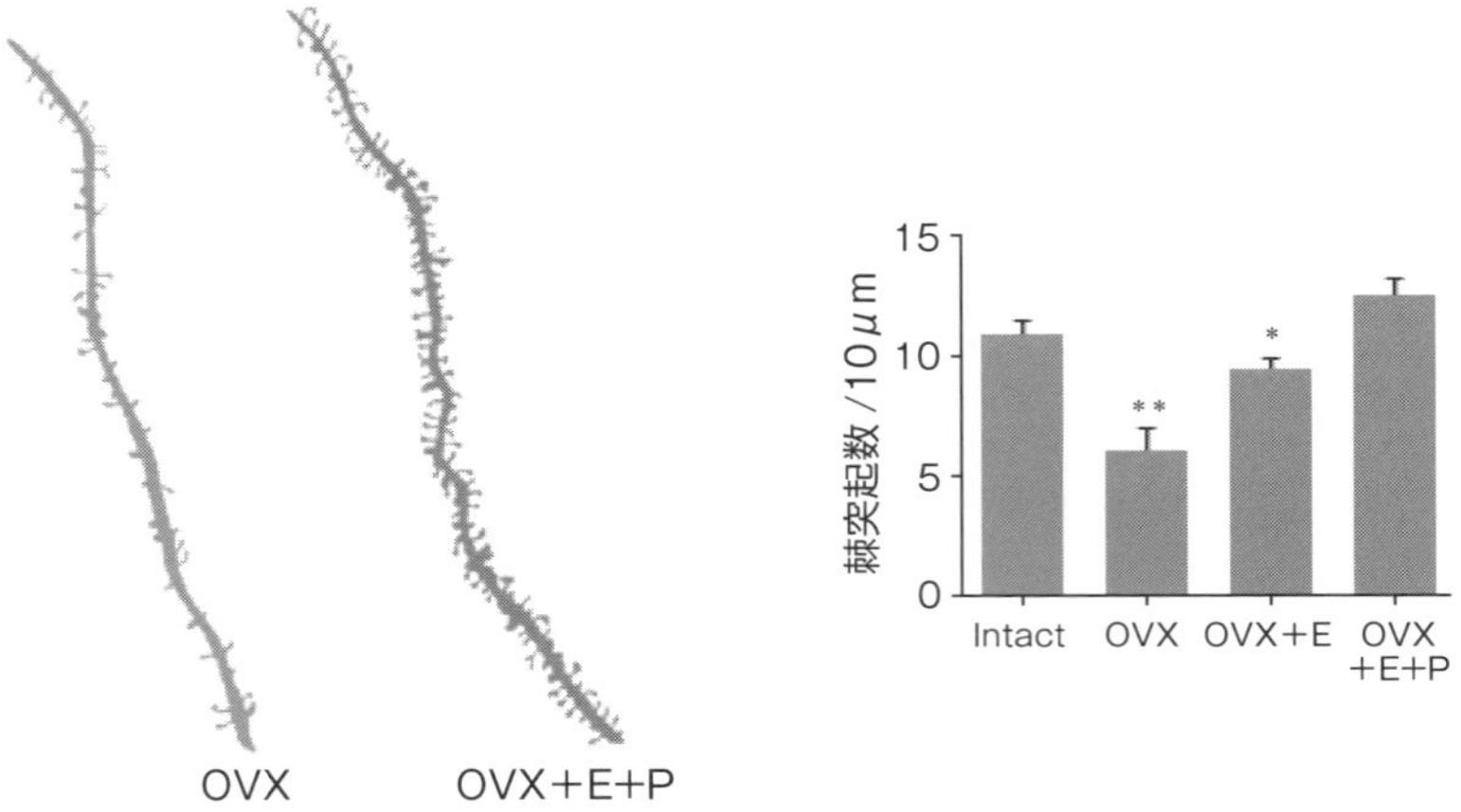

（Intact：卵巣あり、OVX：卵巣摘除；E：エストロジェン、E＋P：エストロジェンとプロジェステン；E処置下にPを投与するとEの作用が増強する）

調節されています。そのために、エストロジェンの分泌の停止により、更年期の症状と障害が出てくるのです。同時に、深刻な記憶力の低下が起こります。

一方、男性においては、50〜60歳代から精子形成能力と精子濃度の低下、精巣の容積の縮小化が起こるそうです。その原因は加齢とともに、精巣内小動脈が硬く変化することにあると考えられています。また、男性ホルモンのアンドロジェン、とくに精巣で生成される男性ホルモンのテストステロンの分泌が減ることが挙げられています。

こうした変化が起こる50−60歳の男性は、まさに更年期にあると言えます。医学的には、「加齢男性性線機能低下症候群（略して、LOH症候群）」とも呼ばれています。40歳以上で遊離型テストステロン値が8・5pg／ml以下の場合には、男性ホルモンの補充療法による治療が勧められるそうです。テストステロンの濃度低下は、記憶力の低下をきたすことにもなります。

39 性ステロイドホルモンと記憶機能の関係は？

女性も男性も、更年期には性ステロイドホルモンであるエストロジェンやアンドロジェンの減少が起こり、その結果、脳の記憶機能が衰え、記憶力の低下が起こることを前述しました。性ステロイドホルモンの減少が記憶力の低下を引き起こすメカニズムとしては、例えば、エストロジェンが海馬ニューロンの樹状突起にあるベータ受容体へ結合して刺激していたのにもかかわらず、この刺激が低下して樹状突起の棘が減少し、海馬へ情報を送るニューロンとのシナプスが減少することが示唆されていると前述しました。

しかし、本当はもう少し違ったメカニズムによってもエストロジェンは海馬の機能を刺激している可能性があるのではないかと、この本の監修をお願いしている田中冨久子博士が考えているそうですので、それをここに述べることにします。

田中冨久子博士が横浜市立大学医学部で生理学教室を主宰していた時に、教室で研究していた美津島大博士がラットの海馬内のアセチルコリン濃度を24時間にわたって測定しました。ラットは夜行性なので夜間に覚醒し、自発運動や探索行動をしますので、海馬へのアセチルコリンの分泌量が昼間よりも顕著に高いことを見つけました（次ページ図）。このことは第6章でも述べましたが、ラットの中隔核に細胞体があるアセチルコリン・ニューロンが海馬内に分泌するアセチルコリンが夜間に増加することを示しています。

そして、メスとオス両方のラットを去勢したところ（図中央）、いずれの性のラットにおいても、夜間のアセチルコリンの増加が見られなくなりました。しかし、去勢時に、メスラットではエストロジェン（エストラジオール17β）、オスラットではテストステロンを投

海馬内における24時間のアセチルコリン分泌動態と性ステロイドホルモン

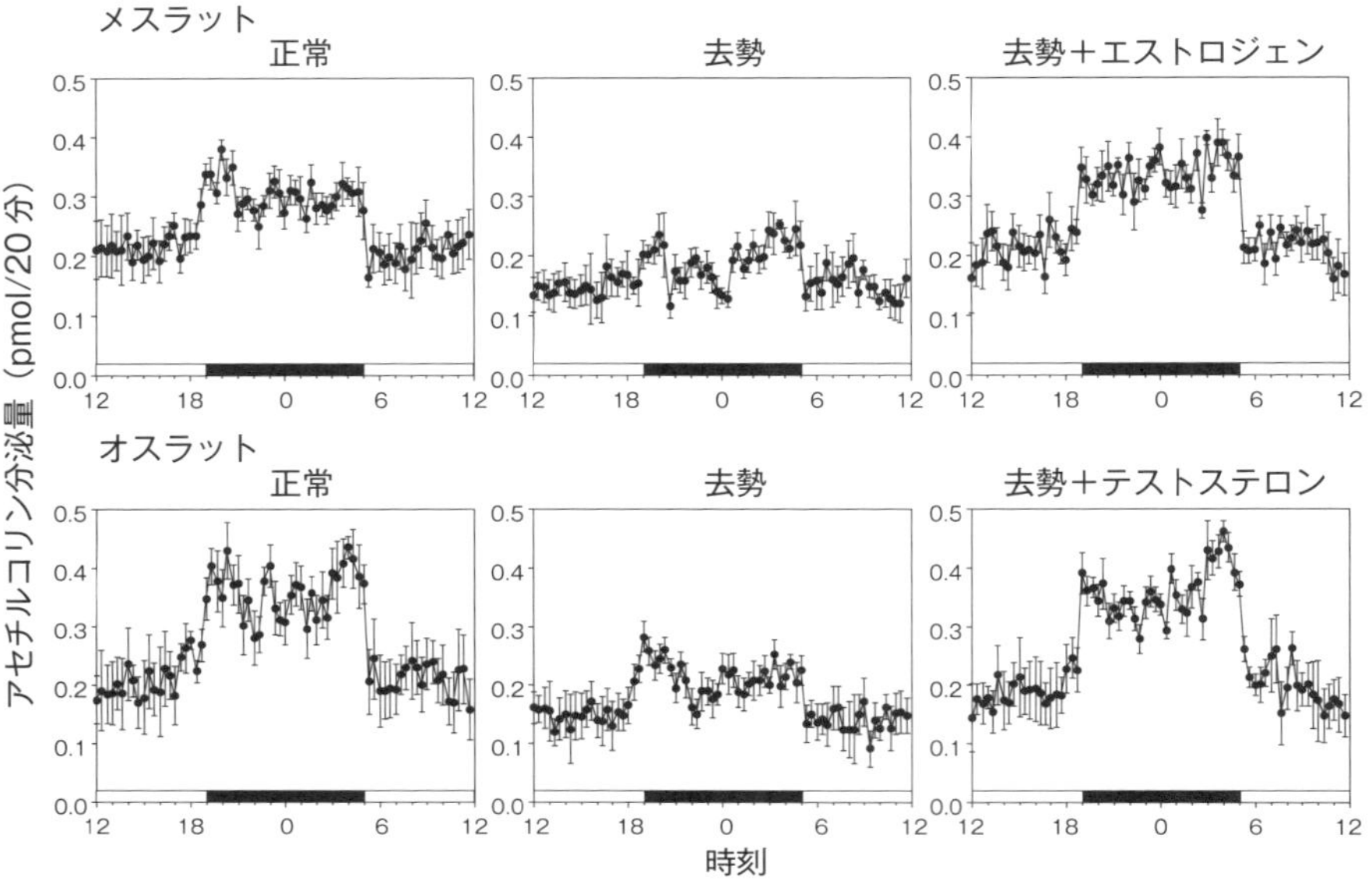

与したラットでは（図－右側）、夜間のアセチルコリンの増加が見事に起きていました。

第6章でも述べましたが、こうして夜間に海馬に分泌されるアセチルコリンはシータ波の発生を起こし、ニューロンを新生させる、という一連の海馬の反応を起動しています。そして、遡ってこのアセチルコリン分泌を引き起こすのは何でしょうか。性ステロイドホルモンです。性ステロイドホルモンは、エストロジェンもテストステロンも、中隔核のアセチルコリン・ニューロンに核内受容体を持っていますので、これに結合することによってニューロン活動を刺激するのです。

このラットにおける実験結果から推測できることは、ヒトにおいても、女性であれ男性であれ、更年期という性ステロイドホルモンの減少が起こる時期には、海馬機能の低下が起こる、つまり記憶力の低下が起こるということです。特に女性では、更年期を過ぎればエストロジェンはほとんどゼロになりますから、記憶力の顕著な低下は避けようがありません。

40 65歳から発症する記憶障害

「認知症」という病名は、ずいぶんと変遷しました。従来は、「ぼけ」といわれ、次いで「痴呆」となり、現在では「認知症」と呼ばれていますが、認知症の中核症状は「認知障害」というより、「記憶障害」ということになります。

それは、認知機能の病的老化として捕らえることができ、早期に出てくる症状が記憶障害だからです。

ヒトの「もの忘れ」には、誰しもが経験するような単なる「もの忘れ」があり、さらに加齢による「生理的なもの忘れ」と、認知症の症状を示唆するような「病的なもの忘れ」があります。

単なる「もの忘れ」と「生理的なもの忘れ」については、「もの忘れするのは年老いたから?」で、先に触れました。

「病的なもの忘れ」は、単なる「もの忘れ」と「生理的なもの忘れ」とは一線を画する必要があります。それはもの忘れの自覚症状に違いがあるからです。

単なる「もの忘れ」と「生理的なもの忘れ」は自覚があるのですが、「病的なもの忘れ」では、一応、自覚はあるものの表面的なため、通常の日常生活で支障をきたすという深刻な症状が表れます。

例えば、ものの名前が思い出せないだけでなく、ほんの少し前の自分の経験を忘れてしまい、思い出せないのです。記憶力の低下だけでなく、脳の「後連合野」や「前連合野」が行う高次的な認知機能も失いがちになり、認知障害を起こします。

さらに、時間、日付、曜日、季節など、「今がいつか」という時間がわからなくなる状態となる「時間の見当識障害」や、「ここがどこか」という今いる場所についてわからなくなってしまうという「場所の見当識障

生理的もの忘れと病的もの忘れの違い

生理的もの忘れ	病的もの忘れ
忘れたことを自覚している （例：２階に物を取りに上がったが、何を取りに来たか忘れる） でき事の記憶はあるが、内容がややおぼろ （例：朝ごはんを食べたことは覚えているが、何を食べたか完全には覚えていない）	忘れたことを自覚しない （例：２階に物を取りに上がったがそのことを忘れ、他のことをする） 内容はおろか、でき事の記憶もおぼろ （例：朝ごはんを食べたことさえ忘れる）

生理的もの忘れと病的もの忘れ（田平、2007）

害」まで起こってしまいます。

そのため、日常生活で普通に行うような段取りよく物事を進めたり、計画したりすることが困難になってしまうという「記憶障害」、さらに発展して「認知障害」をきたすのです。

現在、病的なもの忘れを生み出す病気として最も注目されている疾患は認知症ですが、そればかりではありません。つまり、病的なもの忘れイコール認知症ではないということです。

ビタミンＢ１の欠乏、脳血管疾患、脳腫瘍、脳外傷、脳炎、低酸素脳症など、様々な脳障害によっても、病的なもの忘れが引き起こされます。

一口メモ

もの忘れには、「単なるもの忘れ」、「生理的なもの忘れ」、「病的なもの忘れ」の3つがある。

41 年をとると、時間が速く感じるのはなぜ？

「なぜ、年をとると時間の経つのが速くなるのだろうか」という問いに、「10歳の子どもにとっての1年は、一生の10分の1だから時間を長く感じ、50歳の人にとっての1年は、一生の50分の1だから時間が短く感じるのだ」と、19世紀のフランスの哲学者ピエール・ジャネが唱えました。これが「ジャネーの法則」という、時間感覚のエピソードです。「年をとると時間の経つのが速くなる」ということについて、最も一般に知られた説明となっています。

ヒトの時間の長さは万人に共通ですが、高齢になるほど1年の長さが年々速く過ぎていくと感じてしまいます。それはもちろん感覚として感じることなのですが、時間の経過は、高齢者に限らず、仕事や日常生活においても長く感じたり、短く感じたり、また速く感じたり、遅く感じたりしていることは、誰しもが経験することです。

また、時間を意識すると長く感じ、時間を意識しないと時は短く感じることもありますが、時間を意識しつつ何かを成し遂げようとすると、意外にも時間の経過が速く感じられたりします。さらに、楽しい時間は速く過ぎ、つらい時間は遅く感じるものです。

これらの時間知覚について、研究者らは、望遠鏡効果、レミニセンス効果、生理時計という説を唱え、速く過ぎ去る時間知覚を検証しようと試みました。

望遠鏡効果とは、ある事件やでき事について、いつ頃のことだったかを問うと、実際に起きた日時よりも最近の日付を述べる傾向があるというものです。すなわち、一般的に望遠鏡で近くに見えるような時間知覚をもつということです。

ところがこの実験は、老齢者は望遠鏡を逆さにしたような時間知覚を持ち、古い日付を述べるとしています。このことは、「年をとるにつれて、時間が速く過ぎることの理由になる」と考えられます。

ある記憶の日付がなかなか思い出せないときの記憶の想起は、自分の時間標識が機能し、過去の時間軸上を行ったり来たりして思い出すと考えられます。

このとき、人生が変化に富んでいる時代には思い出も多く、記憶の時間標識が多くなります。しかし、思い出がほとんどない時代では、時間標識が少なくなります。青春期に比較して老年期は時間標識も少なくなるために、時間知覚が短く感じるというものです。

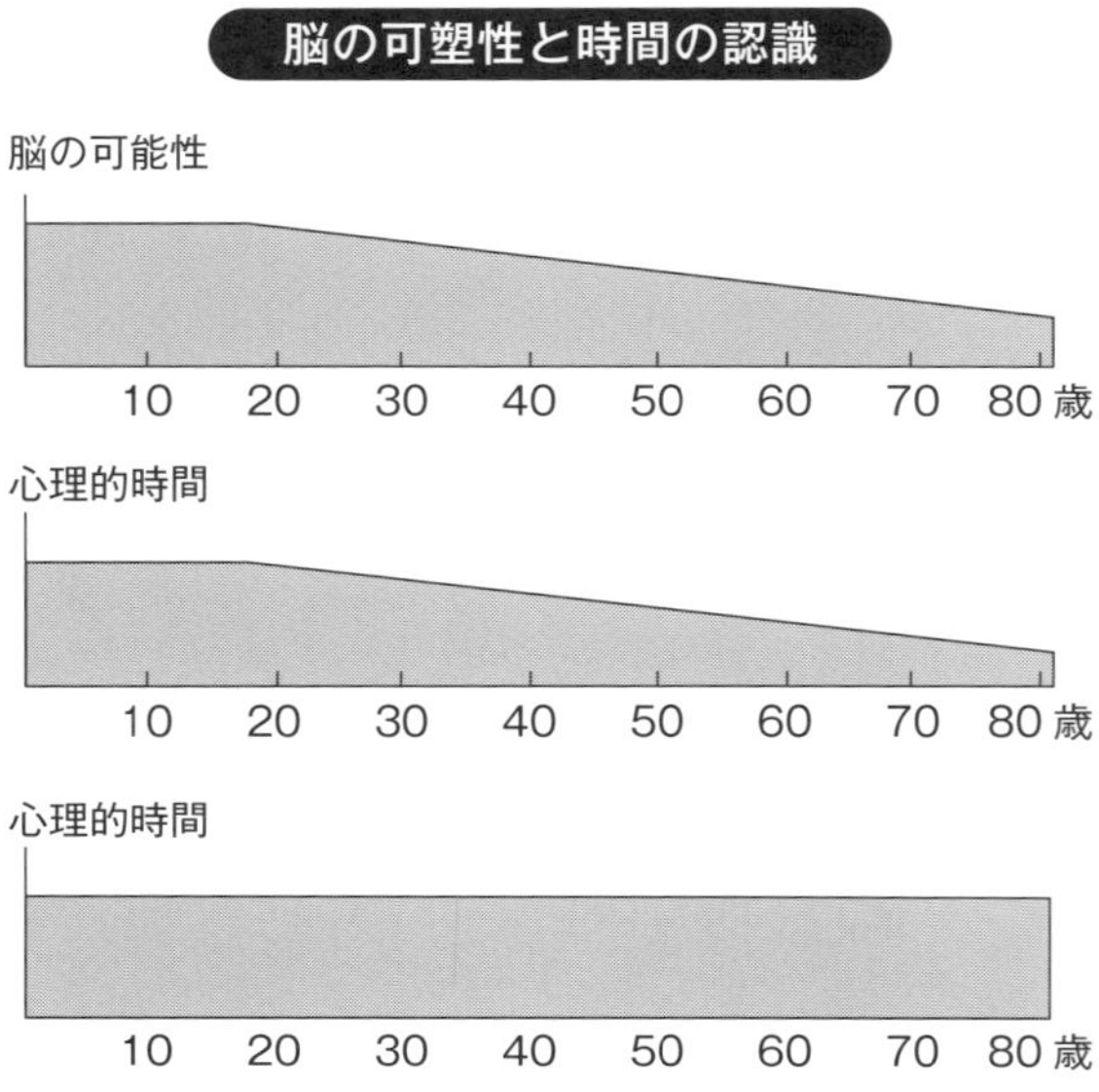

脳の可塑性と時間の認識
脳の可能性
10 20 30 40 50 60 70 80 歳
心理的時間
10 20 30 40 50 60 70 80 歳
心理的時間
10 20 30 40 50 60 70 80 歳

（出典：「脳の可塑性と記憶」塚原仲晃著・岩波現代文庫）

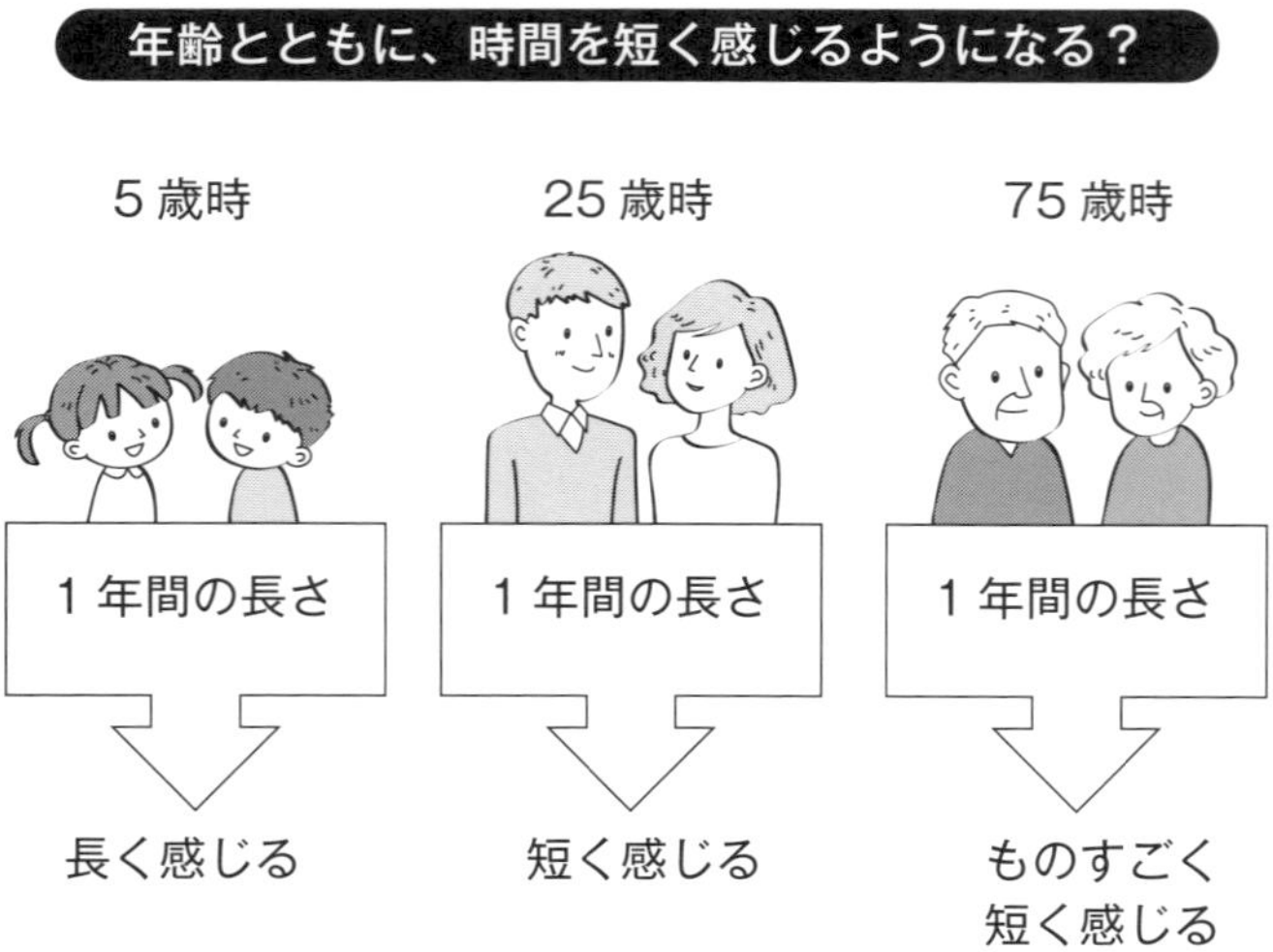

年齢とともに、時間を短く感じるようになる？
5 歳時
25 歳時
75 歳時
1 年間の長さ
1 年間の長さ
1 年間の長さ
長く感じる
短く感じる
ものすごく短く感じる

42 加齢による記憶障害も脳の電気刺激によって改善

記憶は、加齢によって少しずつ減退するといわれていますが、なかでも日常生活での作業の記憶を一時的に脳内に保持するワーキングメモリー（作業記憶）は、年齢を重ねるにつれて少しずつ悪化することが知られています。

ワーキングメモリーは、脳の異なる部分が互いにどう同期しているかに関連していると考えられていますが、加齢によって、脳波の同期にずれが生じることで、ワーキングメモリーの記憶力も低下すると考えられています。そのため、会話や読書、あるいは集中することに支障や困難を来すといわれています。

２０１９年４月、ボストン大学のロバート・ラインハート助教授とジョン・グェン氏は、20代後半から30代前半の頃から、脳の特定部位が少しずつ分断されることで脳波の同期がうまくいかなくなるために、ワーキングメモリーの低下が始まり、60代や70代の頃には神経回路が相応に悪化し、認知症に罹患しなくとも、認知障害を経験するヒトが増えることに着目しました。

そこで、ラインハート助教授らは、脳の同期の低下に対して、電気刺激を与えたらワーキングメモリーが改善するのではないかと考え、次のような実験を行いました。

ラインハート助教授らは、60歳から76歳の高齢者42人と20歳から29歳の若者42人の二つのグループを集め、実験を行いました。

その実験では、よく似た2枚の画像を連続して見せて、異なる部分を指摘させるというテスト（間違いさがし）を実施しました。当然ながら、最初のテストでは、若者のグループの方が高齢者のグループよりもは

20歳の脳活動（図A）と70歳の脳活動（図B）、電気刺激後の70歳の脳の活動（図C）

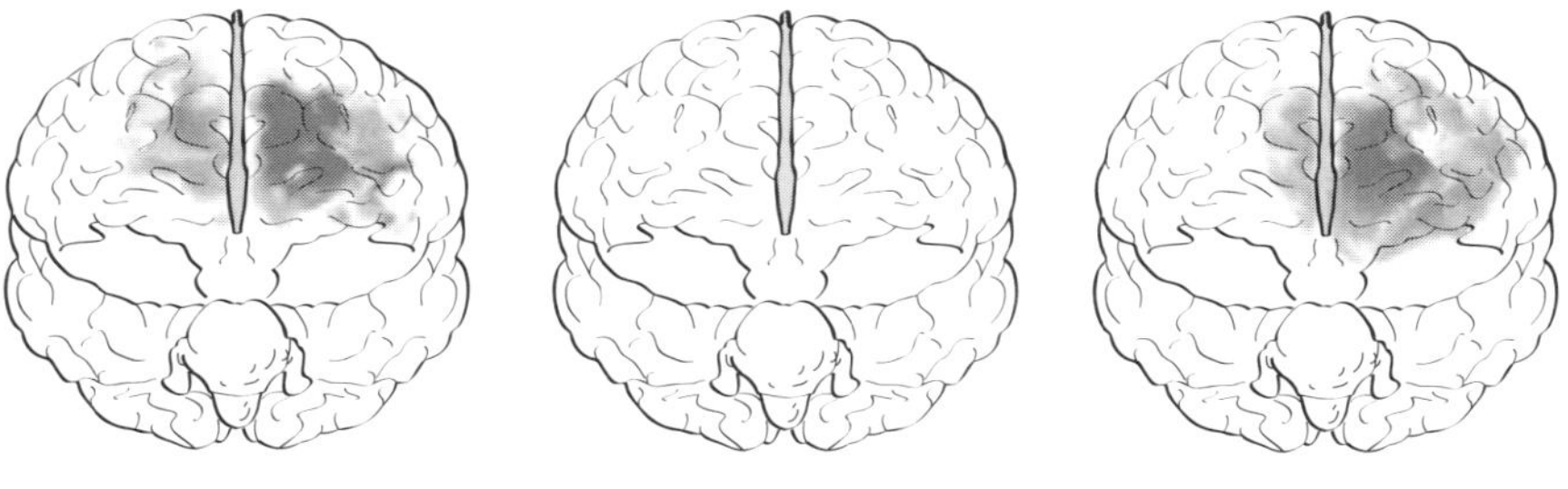

図A　　図B　　図C

るかに正解率が高かったといいます。

その後、高齢者に、各自の脳のリズムに調整した電気刺激を25分間与えてからテストを再び実施したところ、正解率は20代とほぼ同じ水準にまで向上したというのです。また、高齢者の記憶の改善は刺激を加えてから、約50分間持続したといいます。

ラインハート助教授は、「この研究成果により、認知障害の治療に応用できればと期待している」と述べています。

ただし、専門家からは、臨床試験でより多くの被験者に実施し、再現性を確認することが必要であるとの意見も寄せられています。

上図は、この実験中に、高齢者と若者のワーキングメモリーの脳活動を観察したところ、左側の図Aの20歳の脳内は活発化していますが、中央の図Bの70歳の脳内では休眠状態にありました。ところが、電気刺激を与えた後の右側の図Cの70歳の脳活動は、20歳の脳の活発化に近づいたということでした。

43 近時記憶障害から起こるアルツハイマー型認知症

アルツハイマーとは、ドイツの精神神経学者A・アルツハイマー博士に由来します。51歳という若い年齢で、「記憶障害」と「見当識障害」をもって発症した高度の痴ほう状態に陥って死亡した女性の脳を、アルツハイマーが解剖し、老人斑と神経原線維変化を発見しました。老人斑とは、脳全体に沈着するアミロイドベータ蛋白という異常な蛋白でできている物質です。神経原線維とは、神経細胞内にみられる微細な線維性の構造物のことです。

後に、このような病気は、「アルツハイマー病」と命名されました。現在は、老年期認知症においてアルツハイマー病と同じ神経病理的変化を示す病気を「アルツハイマー型認知症」と呼んでいます。この病気の早期には、「記憶障害」があります。

日本も超高齢化時代に入ってから、アルツハイマー病を含む認知症が問題となり、一般の関心も高く、政府も本格的な対策を計画しています。

日本では、アルツハイマー型認知症が、老年期の認知症のなかでも最も多く、50%を占めます。脳血管疾患から起る脳血管性認知症と併せると70%という高い数値となります。

内閣府では、65歳以上の認知症高齢者数と有病率の将来推計についてみると、2012年（平成24年）は認知症高齢者数が462万人と、65歳以上の高齢者の約7人に1人（有病率15・0%）であったものが、2025年（令和7年）には約5人に1人になると推計しています。

厚生労働省では、2015年（平成27年）に、「軽度認知障害（MCI：mild cognitive impairment)」と推計される認知症の前段階にあるとされる認知症予備軍が約400万人いるという発表をしました。認知症患者は、年々増加傾向にあるということです。

アルツハイマー型認知症にかかると、病的なもの忘れが起き、次第に時間と場所の感覚が悪化します。「記憶障害」と「見当識障害」がアルツハイマー型認知症の中核症状ということになります。記憶障害は、近時記憶障害、中でも日々のエピソード（でき事）記憶障害が特徴的です。この中核症状には、周辺症状と呼ばれる記憶障害や見当識障害以外の症状が高頻度に出現し、さらにその周辺小症状として、徘徊や、社会的に不適切な言動、被害者的言動などがみられます。

これは、アルツハイマー型認知症の中核症状は、感覚を認知して、記憶学習機能や言語機能に関わる新しい脳（新脳）にその原因があるのに対し、周辺症状は古い脳（古脳）の扁桃体の機能に影響が及ぶためと考えられています。

古い脳には、食欲や性欲などの本能や、喜び、悲しみ、恐れ、抑うつ、不安、攻撃性などの情動を作るという、個体維持、種族保存のための脳の機能がそなわっており、本能行動や情動行動の表出行為をします。

認知症に罹患するとは、新しい脳に障害が出て、認知障害になることです。つまり、古い脳が病気にかかったわけではなく、古い脳の情動を司る扁桃体は正常であり、「心」としては、健常であると考えられます。古い脳は、思い通りにならない新しい脳に直面して、心には大きなストレスを感じることになります。

そのために、古い脳による周辺症状の徘徊や不適切な言動など出ていると考えることができるのです。むしろ、古い脳は侵されていないために、恐れ、不快、悲しみなど多くの情動の発露として、攻撃行動や逃避行動、回避行動が出てきていると考えられるということです。

そこで、認知症にかかった人々を理解するには、新しい脳が病気で、古い脳が健康であることを知っておくことは大事なことになります。

アルツハイマー型認知症自体が死因となることはないのですが、発症から死亡まで、多くの場合5〜10年、肺炎などの感染症や脳卒中などで亡くなることが多いといわれています。

アルツハイマー型認知症は、脳全体への老人斑と呼ばれるアミロイドベータ蛋白の沈着、神経細胞のなかの螺旋《らせん》構造をとる神経原線維変化、大脳の萎縮と広範な神経細胞の脱落によって発症します。

神経細胞内ではアミロイドベータ蛋白は前駆タンパク質から正常な状態でも作られ、そうして生理的分子として作られたアミロイドベータ蛋白は大部分が細胞外に分泌され、脳脊髄液や血漿中に放出されます。でも、老化や遺伝的要因でこの蛋白質の産生の増加や分解の低下が起こってくると、凝集・蓄積し、これが強い毒性を発揮することがわかってきました。それによって神経伝達障害や神経細胞死が起こることも明らかにされてきました。こうした事実を基盤にして、アルツハイマー型認知症の発症原因に「アミロイド仮説」が生まれています。

アミロイドベータ蛋白の産生は、井原らの研究グループが2000年に示したデータによると、40歳代後半ごろから急激に増加し、その脳内への蓄積量が70－80歳のピークに向けて年々増加していくのだそうです。たとえ認知症の症状が出ていなくても脳の中に変化が密かに進んでいくのです。

もし、80歳で臨床的に認知症を発症した場合、50歳ごろから老人斑ができ始め、65歳ごろから神経原線維変化が起こり始めたであろうことも、井原らが2007年に示しました。ですから、「アミロイド仮説」に基づいてアミロイドベータ蛋白の産生抑制、分解促進、凝集・蓄積の抑制などを目的さまざまな治療法の開発が世界中で行われるようになったのは当然のことと言えます。

でも、大変残念なことに、いまだに成功例が出てきていないのです。

アルツハイマー型認知症発症の原因としては、もう一つ、「コリン仮説」という有力な説があります。コリンとは、脳のなかで情報伝達をする神経伝達物質のアセチルコリンのことです。

古い脳には、マイネルト基底核や中隔核と呼ばれるアセチルコリン・ニューロンが集まる神経核があり、新しい脳の新皮質や海馬に軸索突起を送っています。この細胞が興奮すると、軸索突起の末端からアセチルコリンを分泌します。アセチルコリンを送られたニューロンは興奮し、新皮質や海馬では特有のさまざまな

認知症患者数と有病率推定数

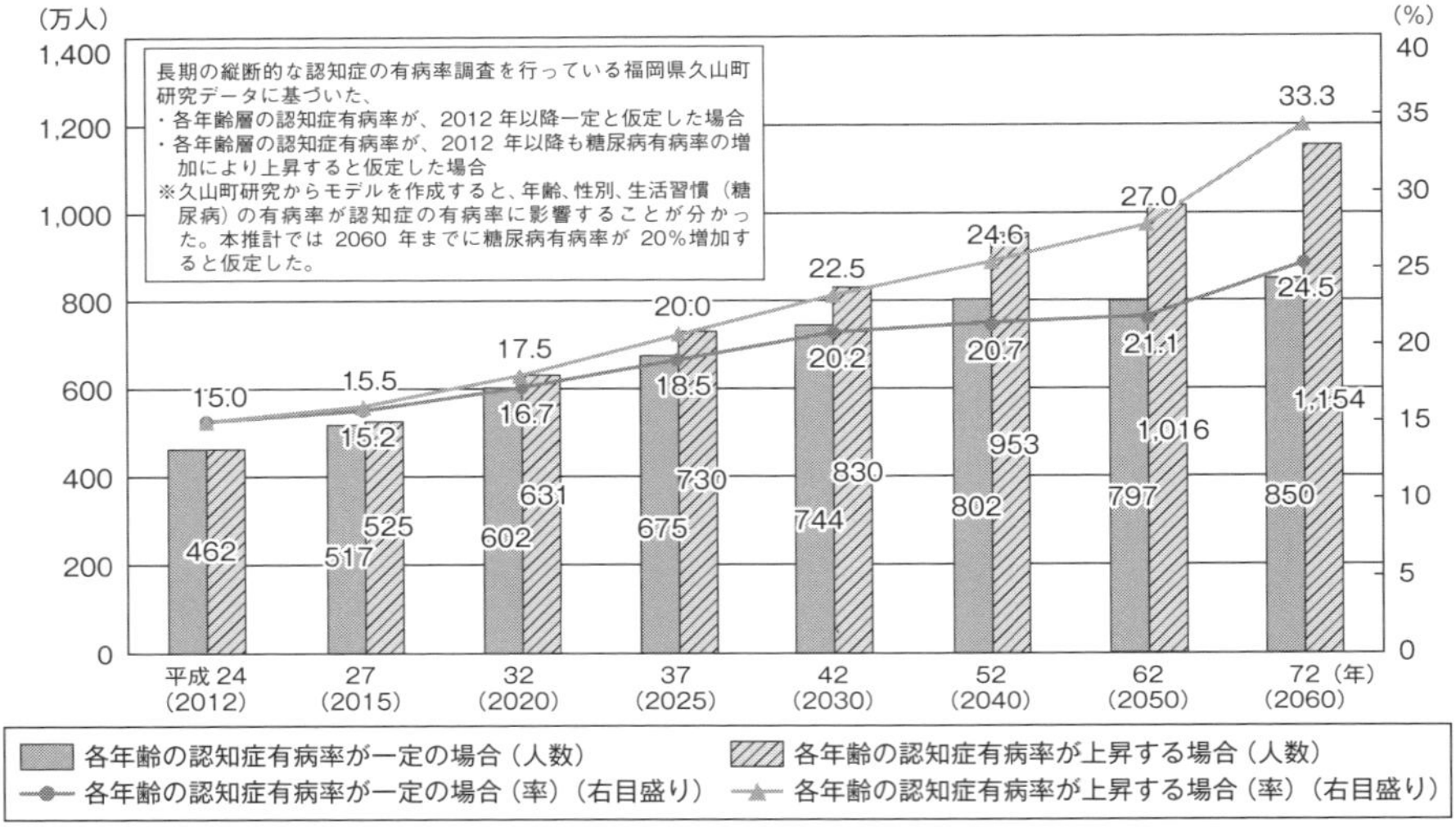

資料：「日本における認知症の高齢者人口の将来推計に関する研究」
（平成 26 年度厚生労働科学研究費補助金特別研究事業　九州大学二宮教授）より内閣府作成
（出典・内閣府「65 歳以上の認知症患者の推定者と推定有病率」）

働きが引き起こされます。

こうして、アセチルコリンは覚醒の特徴である脳波のβ波を出現させ、海馬ではアセチルコリンはθ波を発生させ、これを契機として海馬の歯状回で前駆細胞から新しいニューロンがつくられます。

この海馬で新生された細胞が、海馬の記憶機能にかかわることがわかってきました。それだけでなく、学習と運動は海馬へのアセチルコリン分泌を起こして、海馬のニューロンの新生を刺激することもわかったのです。これらのことから、アルツハイマー型認知症の発生メカニズムとして、現在「コリン仮説」が有望視され、そして、認知症の治療薬として開発された、アセチルコリン代謝を阻害し脳内のアセチルコリン濃度を上げる塩酸ドネペジルや、ニコチン性アセチルコリン受容体へのアロステリック増強作用により、アセチルコリン作用を増強させる臭化水素酸ガランタミンが使用されるようになっています。ただし、これらの薬も、数年間使用するうちに、効果が減弱してしまうと言われていますので、やはり、何らかのブレイクスルーが待たれます。

44 アルツハイマー型認知症の近時記憶障害は、想起ができないだけ

理化学研究所の利根川進センター長らのチームが、2016年に、アルツハイマー病モデルマウス（ADマウス）の失われた記憶を、光遺伝学を用いて人為的に復元することに成功したと発表しました。これによって、このモデルマウスは、記憶がないわけではなく、想起できないのが認知症の原因であることを示唆したと提唱されました。

研究チームはすでに、記憶の痕跡が海馬の「記憶エングラム」と呼ばれるニューロン・ネットワークに保存されることを光遺伝学の手法を用いて証明しています。このことは第6章で述べました。今回、彼らは、ヒトのAD患者と同様の神経変性を加齢に伴って示すADマウスではこの記憶エングラムがどうなっているのか調べたのです。その方法は、やはり光遺伝学手法でした。

通常、マウスを実験箱に入れ、弱い電流を脚に流す体験をさせた翌日、再びマウスを同じ箱に入れると、嫌な体験の記憶を思い出してすくみます。

しかし、ヒトのAD患者由来の遺伝子変異が導入されたADマウスは嫌な体験の翌日に同じ箱に入れてもすくまず、記憶障害を示しました。そこで、ADマウスが嫌な体験をしている最中の記憶エングラムニューロン群が、光を当てた時だけ活性化するような特殊な遺伝子操作をしました。そして、嫌な体験の翌日、青色光の照射によってエングラムニューロンを直接に活性化したところ、ADマウスはすくみを示しました。

この結果から、ADマウスは記憶を正常に持っているけれど、それを想起できなくなっていることが推測されたということです。

さらに、その原因として、ニューロン同士をつなぎ、

光刺激で復元するADマウスの記憶

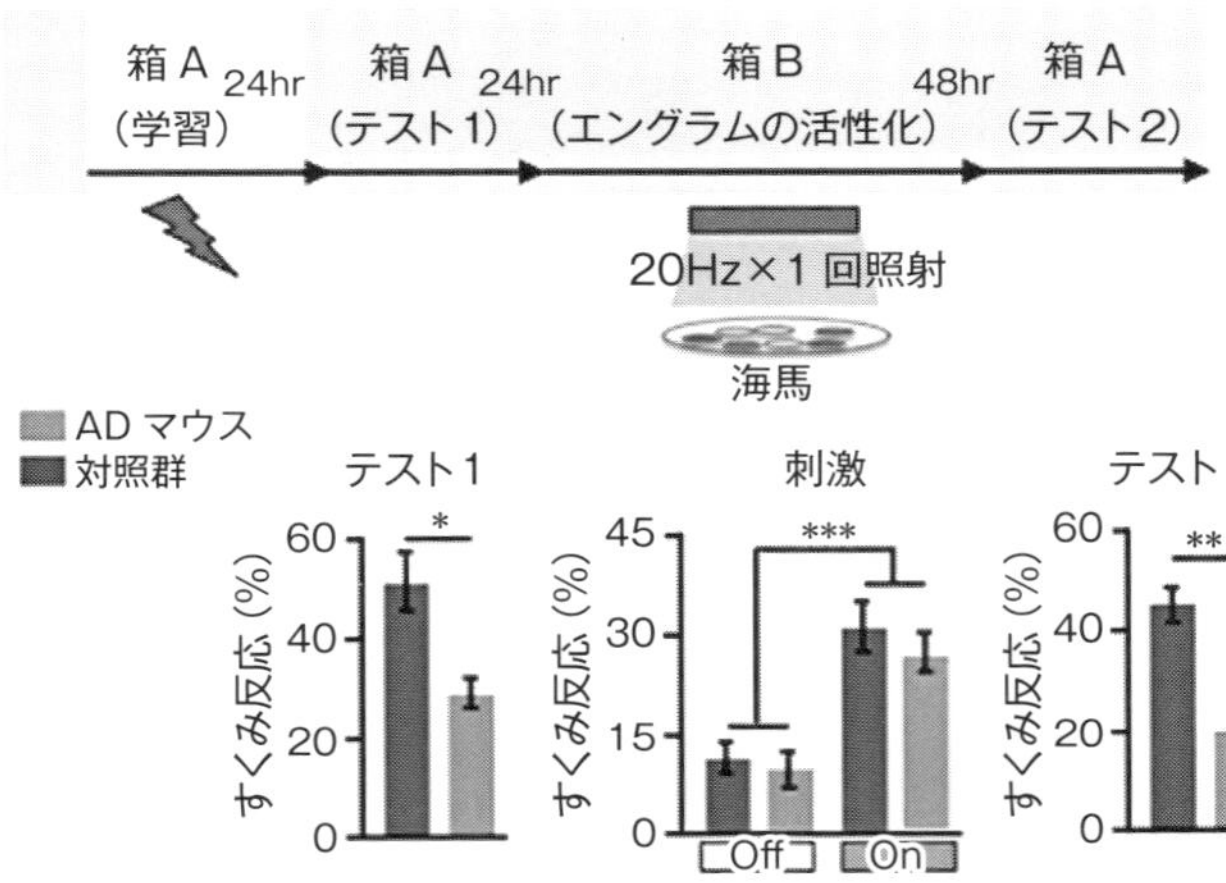

箱A
（学習）
24hr
箱A
（テスト1）
24hr
箱B
（エングラムの活性化）
48hr
箱A
（テスト2）
20Hz×1回照射
海馬
ADマウス
対照群
テスト1
刺激
テスト2
すくみ反応（%）
60
40
20
0
45
30
15
Off
On
*
***
**

（理化学研究所　脳科学総合研究センター 理研－MIT神経回路遺伝学研究センター報道資料より）

その情報伝達を左右するシナプスが形成される樹状突起の棘《とげ》の数の減少のあることを突き止めた上で、標識しておいたADマウスの記憶エングラムへの入力を青色光によって何度も活性化してシナプス増強を起こさせました。すると予想通り、シナプス増強したADマウスは、2日後に箱に入れられると、それだけで嫌な記憶を思い出してすくむようになったということです。

アルツハイマー型認知症でも、反復学習することで記憶機能が上がることを推測させる、希望を持たせる研究だね

第8章

AIは記憶をどのように進化させるのだろう

45 AIとは何か？ マシンの記憶とは何か？

AI（人工知能）とは、「コンピューターなどにより、人工的にヒトと同様の知能を実現させようという試みや、そのための一連の基礎技術を指す」と一般的に定義されてます。

しかし、研究者によって解釈はさまざまであり、いずれにしても「人工的にヒトの知能を模倣するための概念および技術」と考えられています。

AIには、コンピューターが人間のように「学習」し、知識をもとに「推測」することが求められます。例えば、ヒトは動物を見たとき、イヌなのか、ネコなのかを瞬時に判断します。目が得た感覚情報が脳の視覚野に行き、視覚野ではその連合野とともに、その時点で知覚している知覚像を、記憶している一般的表象と照合して、これこれなりと推測し、そして判断するのです。

AIの基本的な概念も同じで、ヒトが行なっている「推測」までをコンピューターで模倣するのです。

身近には、スマホの音声認識や自動運転、インターネットの画像検索やWebページ検索、産業分野では、ロボット制御や画像処理など、様々な場所にAIが活用されています。医学分野にも利用されてきましたので、この後、それについて説明します。

なお、AIというと、最新技術というイメージがありますが、1950年代から研究が始まっています。現在は、ビッグデータやディープラーニング（深層学習）を活用したAIの発展があり、第三次人工知能ブームともいわれています。

クラスメソッド㈱のプログラマー、中村修太氏によると、AIは機械学習やディープラーニングを包括する概念で、図のような関係にあります。

機械学習とは、文字通り、機械（コンピュータ）が学習することです。開発者が全てのプログラムするのではなく、データをＡＩ自身が解析し、法則性

AI ＞機械学習＞ディープラーニング

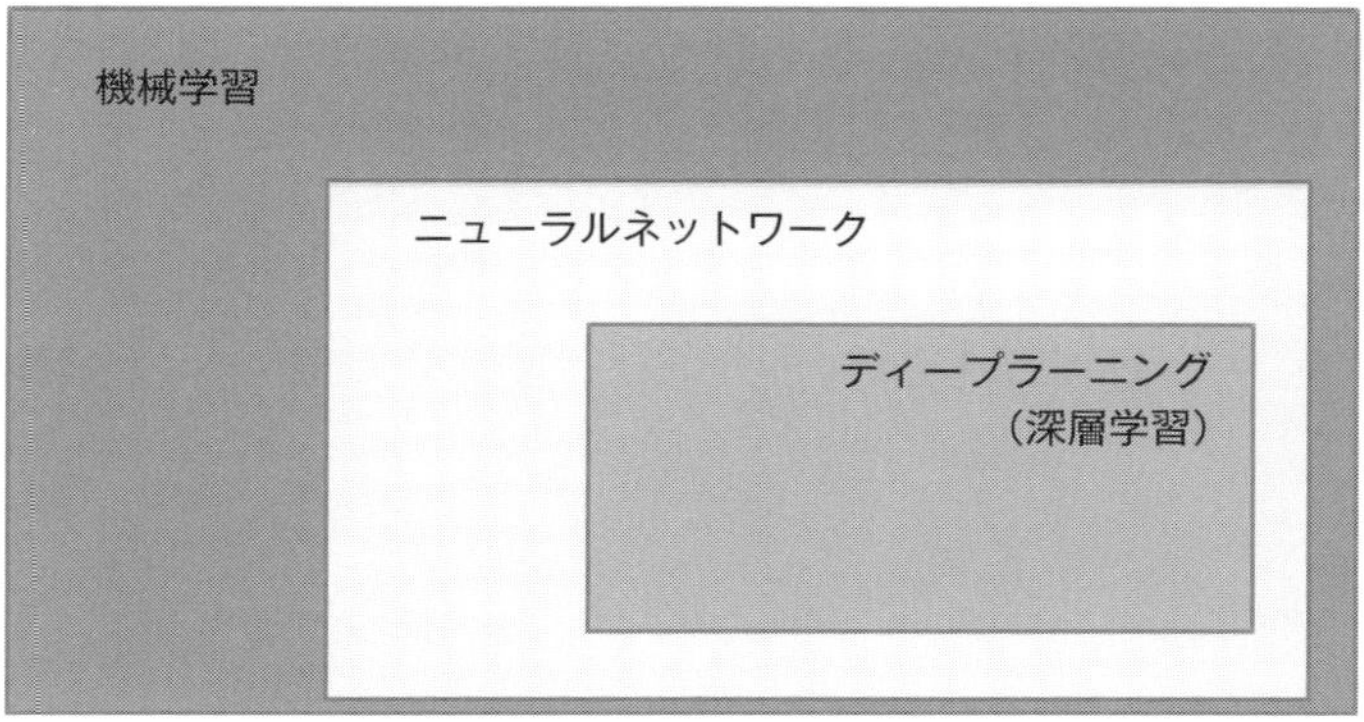

「機械学習とか Deep Learning を学ぶ前に知っておくべき基礎の基礎」（2019 年 1 月 15 日、中村　修太）より。

やルールを見つけ出す、つまりトレーニングによって特定の課題を実行できるようになるＡＩを指します。

ディープラーニングは機械学習の中の1手法で、20世紀後半に研究がすすめられた一連のニューラルネットワークとその関連技術の発展形です。ニューラルネットワークとは、ヒトの脳内にあるニューロン間の結びつきを、コンピュータ上にモデル化したものといいます（図）。別のニューロンから受け取った信号を、閾値を超えた時に限って次のニューロンへ伝達するという仕組みをモデル化したものが始まりだそうです。

このようなＡＩは、この本でこれまで話してきたヒトの脳におけるニューロンのネットワークと類似の構造にまで発展していることから、ディープラーニングでは、指示をしなくても自動で「学習」し、そして、ヒトの脳が行なっている「推測」することを模倣するだろうとして、注目が集まっているのです。

２０１６年、グーグル傘下のＡＩスタートアップ企業「DeepMind」が開発した「囲碁ＡＩ」（AlphaGo）が、囲碁の世界チャンピオンを破り、その快挙がＡＩや深層学習というキーワードとともに世界中のメディアで

ニューラルネットワーク

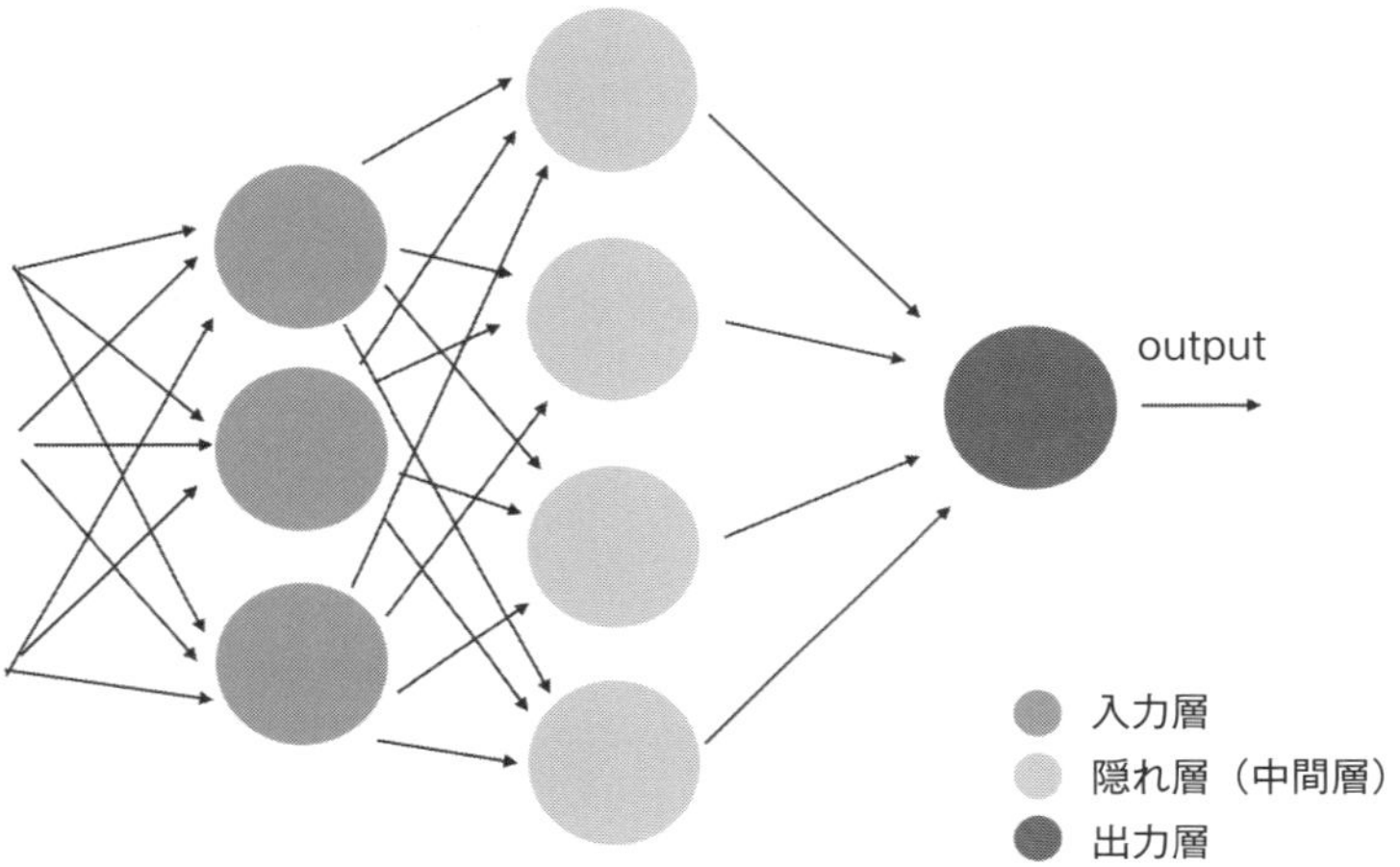

報じられました。それまでは、ＡＩが囲碁でプロに勝つまでに10年以上かかるといわれていたのだそうです。

そして、さらに、２０１７年に、この「DeepMind」は、最新の囲碁ＡＩ（AlphaGo Zero）を発表しました。先のＡｌｐｈａＧｏは、あらかじめ、プロ棋士の打ち筋を学習し、そこからＡＩ同士の対戦で強くなっていくものだったのですが、この新しいAlphaGo Zeroは、囲碁ルールを覚えて、自己学習のみで棋力を高めていったのだそうです。

AlphaGoZeroは、これまでヒトが数千年の工夫を経て考え抜いた囲碁の打ち筋というデータベースを使わず、自己対局を繰り返し、わずか3日でAlphaGoに１００戦全勝したのだそうです。AlphaGoはすでにヒトの世界チャンピオンを破っていたのですから、当然のこと、AlphaGo Zeroは人を超えていることになります。

ヒトに君臨するＡＩの時代がすぐそこまで来ているように見えます。

46 AIの記憶でMRA画像から脳動脈瘤検出能力が向上

東京大学大学院医学系研究科博士課程の越野沙織氏が、2019年6月の第3回人工知能応用医用画像研究会で、MRA画像から未破裂動脈瘤を検出するAIシステムを用いることで、医師の脳動脈瘤の検出能力が向上すると発表しました。

放射線科医、脳外科医、いずれにおいても能力の向上があったそうです。

まず、エルピクセル社が開発したディープラーニングの手法を用いて、682例のMRA画像を教師データとして学習し、脳動脈瘤を検出するAIシステムを作成しました。教師データとは、正解がわかっているデータのことです。大量のデータをヒト（教師）が用意し、それをプログラムに与えることで、正解を学習させます。

実験では、MRA画像200例（脳動脈瘤有り50例、無し150例）を、放射線科医と脳外科医、それぞれ10名づつに読影してもらいました。それぞれ、脳動脈瘤を検出するAIシステムなしで読影後に、AIによる補助あり、で読影してもらいました。

その結果、放射線科医も脳外科医も、経験年数によらず、AIシステム有りの方が脳動脈瘤の検出感度が有意に向上していたということです。なお、AIシステムでは、検出感度が高ければ、偽陽性があるのは避けられないため、AIシステムのデメリットとして、偽陽性に医師の判断が引きずられる懸念があるとのことだそうです。

一口メモ

AIシステムを使うと、脳動脈瘤の検出感度が上がった。

47 記憶に関係する海馬機能を「脳型ＡＩハードウエア」で再現

１９７1年、ジョン・オキーフ博士は、ネズミを使った実験で、海馬のニューロンにはラットが特定の場所にいるときだけ反応するものがあることを初めて示して、「場所細胞」と名付けました。この結果から、オキーフ博士は海馬の場所細胞によって空間の認知地図が脳内に作られるという仮説を提唱しました。でも、そうは言っても、海馬の個々の細胞がどのような情報をもとに空間の中の特定の場所を見分けているのかはわかりませんでした。

そして、やっと30年後に、ロンドン大学のオキーフ博士の研究室にオスロ大学から研究に来ていたマイブリット・モーザー博士とエドバルト・モーザー博士が、海馬の場所細胞に必要な情報を提供している脳の領域を探す研究を始め、苦労の末に、海馬の近傍の嗅内皮質のニューロンにも特定の場所で活動するものを見つけました。

でも、驚いたことに、嗅内皮質のニューロンは場所細胞のように空間の一点のみで活動するのではなく、空間内の規則正しい格子状の点の全てで活動を示したのです。従って、空間内の格子状の点は、空間の座標に当たると考えることができる、つまりは、嗅内皮質のニューロンは、今動物がいる場所の位置情報を伝えていることを意味するとモーザー博士夫妻は考えました。そして、このニューロンを格子細胞と名付けたのでした。

２０１４年、オキーフ博士とモーザー博士夫妻は、ノーベル生理学・医学賞を受賞しました。でも、この受賞は、従来、ともすれば医療につながるという形で社会的貢献度が高い研究が多く受賞してきた中では予想外であるとされました。人が世界を認識する仕組みの理解は哲学にもつながる大きな課題であるにも関わらず、人の認識をニューロンの計算という科学的な要素で理解できたという点では、非常にインパクトがある研究だったのでした。

　海馬の役割については、かつてはエピソード記憶、つまり生活の流れをそのまま記録するような時間や空間、感情などを全てパッケージした記憶の管理や、捨てる記憶と保持する記憶の整理などが主な役目であろうと考えられてきました。そして、この本においては、これらを記述してきたのでした。でも現在では、オキーフ博士たちの研究から、多くの科学者は、海馬は空間をマッピングする役目も担っていると考えています。

　それは、ラットだけではなく、人を含めた多くの哺乳類において共通の空間認識システムが備わっているであろうという考えにまで至っているのです。

　そうした認識の上に、東芝は、ジョンズホプキンズ大学と共同で、世界で初めて脳内で空間認知をつかさどる海馬の機能の一部を、小型な、脳型ＡＩハードウエアで模倣・再現させることに取り組み、２０１９年に、その成功を発表しました。将来的に、高い空間認知能力が求められる自律移動型ロボットなどの小型化に向けた活用を期待しているとのことですが、このように、人間の脳が持つ機能を小型なデバイスで再現するＡＩ技術は、自動運転や産業用・災害対策用ロボットなどの分野、医学でも脳神経科学分野の応用が期待されているのです。

Place cell（場所細胞）と
Grid cell（格子細胞）

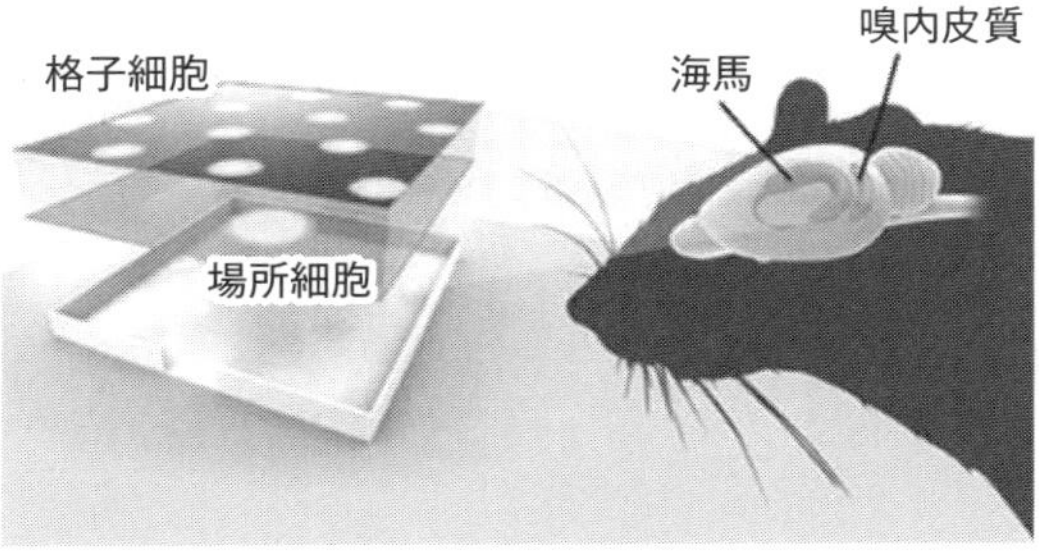

「2014年ノーベル生理学・医学賞を解説する」
理化学研究所脳科学総合センター：BSI Youthより

48 子どもの声から、不安やうつ病を予知するAI

現代の子どもたちの多くが、大人と同様にスマートフォンを持ち、お気に入りの動画や音楽を楽しめるようになりました。しかしこれによる情報過多の傾向が強く、過度の不安感や孤独感、疎外感を持ったり、うつの症状が多くみられるようになってきたといわれています。

海外では、この症状を「内在化障害」と呼び、子どもの5人に1人の割合で罹患しているという報告があります。内在化障害とは、ストレスや葛藤に基づく感情、不安、気分の落ち込み、対人恐怖、ひきこもりなど自己の内的体験として表現する障害をいいます。

内在化障害の診療では、症状が多岐にわたるため、専門の医師が1時間から1時間半ほど問診することで、診断を行います。

これに注目した、アメリカのバーモント大学静物医学工学者のエレン・マクギニス氏は、機械学習手法のディープラーニングで訓練した人工知能を利用することで、もっと素早く診断できるのではないかと考えました。

マクギニス氏は、この実験では、子どもたちが不安やストレスを感じるように設計された、「社会的ストレス課題」という手順を応用しました。

まず、3歳から8歳の子ども71名に、3分間の物語を考えてもらうという課題を与え、話をさせました。この実験前には、子どもたちに物語のできが良いか悪いかが評価されるということも伝えておきました。

評価者の実験者は、常時厳格な口調で、中立か悪い評価しか与えないようにかつ、子どもたちが物語を語りはじめてから1分半経過後と、2分30秒経過後に突然ブザーが鳴り、残り時間が告げられる、という方法

子どもも不安やストレスを抱えている

で実験が行われました。

すなわち、実験のなかで、不安やストレスを感じることが仕組まれた方法がとられたのです。

マクギニス氏は、実験をしている間、子どもたちの声を録音し、その声をディープラーニングによるAIで解析して、子どもたちに不安やストレスによる「内在化障害」の兆候が見られるか否かを予測することにしました。

AIが検出したのは、子どもたちの声には、8種類の特徴があることでした。それは、「声の低さ」「抑揚の変化、繰り返される内容」「突然のブザーに対する声色の高まり」などでしたが、この3つの声の変調は特に目立つものでした。

マクギニス氏は、実験の結果を、まず標準的な内在化障害の診断結果と比較したところ、ほとんど一致していることがわかりました。AIは内在化障害を約80%の精度で言い当てたといいます。さらに、この実験で子どもたちが課題を終えた数秒後には、AIは結果を出したということです。

また、マクギニス氏によると、3つの声の変調などの特徴は、うつなどに罹患しているヒトにも共通して見られるものだといいます。

例えば、うつ病では、「抑揚のない調子で、同じ内容を繰り返し話す」という症状がみられますが、ＡＩでは感知した声の低さや繰り返される内容として表れたといいます。また、ブザーに驚いて声が高くなるのも同じで、内在化障害の子どもたちは、恐怖を喚起させる刺激に対して強く反応し、不安感などを持つ傾向があるという結果を得たといいます。

内在化障害は、子どもの脳が発達段階にあることから、早期に的確に発見することは、治療に対して反応がよいといいます。一方見過ごしてしまうと、重篤なことになり兼ねないこともあるといわれています。

マクギニス氏による実験は、音声録音とブザーで驚かせることで成果を得ることができる手軽さというメリットがあり、子どもの内在化障害の早期発見に役立つことや、また、8歳未満の子どもは心の苦しみをしっかりと伝えることができない場合が多いことから解放することができるのではないかと、多くの専門家たちから評価されています。

現代の子どもたちの多くがスマートフォンなどによる情報過多の傾向が強く、孤独感や疎外感をもっている子が増えているんだね

【参考文献】

『記憶のしくみ　上・下』ラリー・R・スクワイア&エリック・R・カンデル著　2013年11月　講談社ブルーバックス
『脳の可塑性と記憶』塚原仲晃著　2010年5月　岩波現代文庫
『記憶をコントロールする』井ノ口馨著　2013年5月　岩波科学ライブラリー208
『記憶が嘘をつく！』養老猛司・古舘伊知郎著　2010年6月　扶桑社
『脳の中身が見えてきた』甘利俊一・伊藤正男・利根川進著　2004年9月　岩波科学ライブラリー99
『脳は何かと言い訳する』池谷裕二著　2010年6月　新潮文庫
『脳には妙なクセがある』池谷裕二著　2013年12月　扶桑社新書
『無意識の構造【改版】』河合隼雄著　2017年5月　中公新書
『脳と心をあやつる物質』生田　哲著　1999年10月　講談社ブルーバックス
『進化しすぎた脳』池谷裕二著　2007年1月　講談社ブルーバックス
『記憶力を強くする』池谷裕二著　2001年1月　講談社ブルーバックス
『単純な脳、複雑な「私」』池谷裕二著　2013年9月　講談社ブルーバックス
『はじめての生理学　上・下』田中（貴邑）冨久子著　2016年8・9月　講談社ブルーバックス
『シンプル生理学【改訂第7版】』貴邑冨久子・根来英雄著　2016年3月　南江堂
『とことんやさしい人工知能の本』辻井潤一著　2019年4月　日刊工業新聞社

●著者略歴
五日市　哲雄（いつかいち　てつお）
1947年、北海道函館市生まれ。北海道立函館工業高校工芸科卒、専修大学法学部卒業。大学卒業後文科省関係、化学メーカーに勤務後、広告業界でディレクター、大手総合出版社の編集者。医学雑誌の編集長を経て、サイエンスライターとして、医学系の『医療ミス・医療事故対処法』『体の謎がわかる本』『快眠と不眠メカニズム』『最強の血統学』などを執筆。近年は、理学系の「おもしろサイエンス（日刊工業新聞社）」、『磁力の科学』『枕と寝具の科学』『大豆の科学』を執筆。

●監修者略歴
田中（貴邑）冨久子（たなか（きむら）ふくこ）
1964年横浜市立大学医学部卒業、1985年横浜市立大学医学部教授。2004年同大学医学部長を歴任して、2005年同大学定年退職。2011年田中クリニック横浜公園開業（院長）。2017年瑞宝中綬章受章。専門は、生理学、神経内分泌学、脳科学。日本神経科学学会、日本生理学会、日本神経内分泌学会、日本生殖内分泌学会の会員。ブレインサイエンス振興財団常務理事。主な著書に、「女の脳・男の脳」「女の老い・男の老い」（NHKブックス）、「脳の進化学」（中公新書ラクレ）、「はじめての生理学　上・下」（講談社ブルーバックス）。学会活動は、貴邑冨久子として行なっている。

NDC 141.34

おもしろサイエンス **もの忘れと記憶の科学**

2019年8月30日　初版第1刷発行

定価はカバーに表示してあります。

監修　田中冨久子
発行者　井水治博
発行所　日刊工業新聞社　〒103-8548 東京都中央区日本橋小網町14番1号
書籍編集部　電話 03-5644-7490
販売・管理部　電話 03-5644-7410　FAX 03-5644-7400
URL　http://pub.nikkan.co.jp/
e-mail　info@media.nikkan.co.jp
振替口座　00190-2-186076

印刷・製本　新日本印刷㈱

2019 Printed in Japan　落丁・乱丁本はお取り替えいたします。
ISBN　978-4-526-08000-5